股海奇兵之

成長型投資

Growth Investment, From A to Z

成長股達人

蕭非凡　著

寰宇出版股份有限公司

Contents

第一篇
認識成長型投資　　　17

第二篇
成長型投資型態與選股策略　　　41

從用功的散戶，
成為成長型投資達人

做為一個投資人，這輩子最讚嘆的是我師父曾經在 2009 年買進不到 30 元的正新，四年後，以 100 元賣出。而我自己最難忘的交易，是 1995 年，以 35 元買進剛上市的聯強；2013 年，以 29 元買進上市後拉回的臉書；2014 年因為自己愛看電影而買進 57 元的 Netflix。當然，有得必有失。最可惜的是，錯過了可成從 75 漲到 400 的蘋概行情；而最懊悔的則是，因為覺得太貴而太早賣掉大立光。

回首這 30 年的交易生涯，真正帶來豐厚報酬的，都是發動過程中的成長股，當年我在自營部、投信工作時，真正讓我績效可以出類拔萃的，就是這類股票。

這 20 年，雖然離開金融業，在嘉實資訊工作，但我依舊習慣於觀察全球產業、社會制度及科技的變化，從當中找出未來業績會明顯成長的股票。在公司歷年的教育訓練中，我跟同仁們分享過享受大陸幼教紅利的大地 -KY、少女們最愛逛的寶雅、公司每年招聘都用得到的 104 人力銀行，作為一個用功的散戶，

尋找成長股是一個真的有用的投資方法。

但對散戶來說，成長型投資相較於技術分析、籌碼分析等其他方法，需要學的東西廣泛許多。公司同仁上完課後常問我「你是怎麼挑到這些股票的？」「我們要看那些書？」「要怎麼練習？」「有沒有系統化的機制來篩選成長股？」

以往我會推薦他們去看彼得‧林區的書，然後提醒他們，市場有太多偽成長股，我也常被這類偽成長股騙。我的抽屜裡，現在還躺著當年在未上市買進，現在已成廢紙的電池股、小尺吋面板股、有線電視設備股、高分子化學股。如何分辨成長股，是很難的課題，必須觀察各種趨勢，然後從中找到即將猛爆性成長的產品，並且找到這項產品的供應鏈裡的最大受益者，這當中有太多的眉角，這幾年，我曾經誤判碳纖維會成為 NB 的外殼，曾經以為 3D 列印會普級，曾經以為 Gopro 會人手一台，但最後因為這樣的觀察而挑到的股票，都不是真的成長股。

判斷成長股有很多要注意的眉角，而對自己摸索的散戶來說，成長股是一條心嚮往之，卻不知從何開始的道路。市場上可以參考的書太少，而且絕大多數都是來自美國的作品；隔了一個太平洋，產業結構不同，市場規模不同，很難直接套用。

這次蕭非凡兄願意把數十年投資成長股的經驗寫成文字，跟大家分享，讓大家除了遠在美國的例證之外，也有台灣貼身經驗可以借鏡，非凡兄大學唸的是交大資工，然後又唸了台大的 MBA，曾任職於科技產業，也有在創投工作的經驗，曾經一週至少拜訪一家成長型公司，這些經驗讓他對成長型投資有著獨到的觀察與見解，可以帶給有志於往成長型投資邁進的投資

人很多的啟發。我很榮幸把這本書推薦給用功的散戶們，這是一本值得我們放在書桌上，時時複習的好書。

嘉實資訊總經理
李政霖

抓對成長股，
財富自由不是夢

我從事新聞工作二三十年，最常聽到的一句話就是，「如果當年我買了台積電、如果我當年買了大立光，我早就是大富翁了……。」很可惜，在現實世界裡，「如果」通常是「沒有」的代名詞，財富總是與我們擦身而過。

在眾多的上市櫃公司中，要預言其中哪一家公司具有未來五年、十年的成長潛力，就像年輕漂亮的女生面對眾多追求者，要挑出一個未來有成就、又溫柔體貼的老公，都是一件相當困難的事。除非，有一雙洞燭機先的慧眼。

不過，有了蕭非凡老師的協助，挑出具有成長潛力的好股票，或許比挑出好老公更容易一些。

投資股票究竟該選價值股，還是成長股？答案很簡單。價值股通常指已經具有相當規模、競爭力的公司，大家都已經知道他的好，股價不便宜、成長空間有限，但可以提供穩定的殖利率。成長股通常是指該公司具有特殊利基、技術，或是站在具有成長性的產業趨勢，公司成長前景仍有一些不確定性，市

場看法分歧、認識的投資人不多，但公司若能成功突破，則具有倍數甚或十倍數的獲利空間。

從投資報酬率的角度看，如果能找到成長股，報酬率將遠遠高過於價值股。問題是，挑選成長股可比挑價值股要更加困難。但是，幸運的讀者，在這本書裏，作者蕭非凡毫不藏私的，把找出成長股的秘訣，完完整整公開在讀者面前。

書裡不僅教讀者要如何辨識成長股的特質，同時還分析了多種不同類型的成長股，除此之外，還進一步分享成長股的投資策略、股價評價、買進賣出時點判斷，甚至成長股投資可能面臨的陷阱與風險管理，都鉅細靡遺的說明。此外，還分享了幾位成長股投資大師的投資心法，可以說是書市難得一見的「成長股投資寶典」。

我跟蕭老師認識多年，非常景仰他對產業、公司的深入了解，以及領先趨勢看到投資機會的精準眼光。蕭老師對成長股的敏感度極高，一方面是他的背景所致，他曾在產業界、創投業服務，對產業趨勢瞭如指掌，一方面也有賴他豐富投資經驗，對股市波動起伏、投資人行為了然於心。但更重要的還是他勤於拜訪公司，對企業的追蹤深入。

我記得有一次，正逢股市大暴跌的一天，當天我們正好約了下午喝咖啡，他匆匆趕來，原來那天上午他臨時約訪了二家上市公司拜訪。他說，「行情不好不要看盤，還不如 call 公司」，由此可知，他能領先掌握成長股，絕非偶然，而是一步一腳印累積的實力。

全球股市從 2009 年開始的多頭格局，來到 2019 年似乎已

經進入多空反轉的一年，對大多數投資人來說，現階段可能想要逃離市場，但若從買進成長股的角度來看，或許今年也是最佳的進場時機。重點是，你能不能挑對真正的成長股。

蕭老師在書中，分享了幾個未來的成長趨勢，包括生技、工業物聯網、電動車、隱形冠軍等。蕭老師常常跟我分享台股的隱形冠軍，他說，有些公司知名度不高，但卻有獨特利基，這類公司受全球景氣波動影響較少，或許更能在亂世中異軍突起。投資人想要挖掘出這些明日之星，就好好的學習蕭老師的選股邏輯，祝你早日找到讓你財富倍增的成長股。

Money 錢雜誌顧問暨財經專欄作家
林奇芬

成就股林高手的葵花寶典

「成長型投資」這五個字，說來容易，實際上呢？哪兒那麼簡單啊！就跟市場上投資人都能朗朗上口的「波段操作」一樣，大家都懂，但是，實戰中又有幾個人真能完成一整個波段的操作呢？所以，我常說對於這些交易術語，一般投資人聽聽就好，市場上一些分析師也是青菜講講，說是一回事，做又是一回事，沒那麼容易啦！

要知道，當你知道一家公司正在成長時，你知道，別人也知道了，而且還比你早知道。更何況，在上千家上市公司中，你有可能還真不知道有哪些公司正默默在成長呢？這樣一來，「成長型投資」這五個字對一般散戶而言，很可能就是眼見它股價飆漲，成為市場熱點時，才會後知後覺去追價的詛咒。

想要慧眼識英雄，比別人早一步知道一家公司的投資價值，要像看面相、看八字一樣，具有獨到的眼光，能夠一眼看穿。或者，有本事透過各種蛛絲馬跡，排出一家公司的命盤太陰化祿，沒有點真功夫是不行的。

我的好友蕭老師真的很勤勞，幾乎每週都會排定拜訪一家上市櫃公司，多年來累積的功力，加上其個人敏銳的特質及動見觀瞻的思維邏輯，常常在聽完他的分析觀點之後，我都會有一種恍然大悟的感覺，不禁稱許高手果然在民間。

　　這些年，蕭老師不吝於把他個人私藏的「識人術」，編撰成一部又一部的葵花寶典分享給投資人。如果你過去已是蕭老師的讀者，我相信那句電視名言：：「讓我們繼續看下去」，一定可以得到你的認同。如果你還不曾拜讀過蕭老師的大作，我願意用我個人那點社會上累積的小小聲譽「掛保証」，套一句老掉牙的攤商叫賣語：「走過，路過，千萬不要錯過」。

瀋陽麟龍科技股份有限公司創辦人
邱一平

成長型投資化繁為簡，
建立致勝的系統觀點

市場上大多數人都懂得要買進具有成長性企業的股票，但對所謂「成長型投資」非僅實務上無所適從，就連概念及其內涵也是一知半解，很容易誤用而淪為主力炒作的受害者，又或者見樹不見林，在成長初期的階段就賣出股票，錯失享受大波段的獲利機會。即便從專業投資者的角度，坊間也鮮有將「成長型投資」予以系統性介紹、總結分析各成長類型、並能結合實務操作範例說明的著作。

個人曾經任職創投公司，看過聽聞過諸多高倍數的投資報酬率，當然創投所追尋的都是些高風險，但也具高成長吸引力，來自於明星潛力產業的新創或者早期階段的公司，謀求用低成本及較長的時間去等待可能實現的趨勢，以換取高報酬。但是你如果知道創投的成功率很低，就不會也不必羨慕所聽聞的暴利，因為那些失敗的案例，若直接認虧打銷倒也乾脆，怕的是一堆救不活、卻死不了的投資案才會是煩惱。

之所以談到創投的經驗，是要告知投資人，在上市櫃股票

裡，即便未必有像創投中大獎那樣的機會，但可以經由同樣的某些思考，挖掘出成長機會較為確立，失敗風險相對較小的股票，從而創造可觀的報酬率，這是我在本書想完整分析、分享給大家的實務經驗。

我的處女作《股海奇兵》就已經揭示，成長型投資最適於用功的散戶，尤其是年齡不算大的投資人，其後的幾本著作也重複強調這點，可以說「成長型投資」就是我的投資哲學。因為對個股而言，成長期會是股價漲幅最大，且趨勢最為明確的一段，既不必像創投花很長又不確定的時間等待，即使短期套牢，也會因為趨勢向上而終致獲利，當然前提是你能看出且把握這樣的機會，這是最難也是本書想帶給投資人的。

這麼些年我幾乎每週至少拜訪一家具成長訊號的公司，早年行程排得更密集，並非我近年較為偷懶，而是有更佳的篩選機制，不需浮濫地拜訪公司，反倒可以提升效率的聚焦。長久累積下來，看過各型不同成長的模式，也有幸參與其中不少投資成功的案例，當然也有不算成功的案例，我都會慣於當作學習心得與學員分享。於今我想以更系統性的架構做實務論述，某種程度才不枉這「成長股達人」的稱號。

研究所所修的「產業分析」學分、曾經任職科技產業的經驗、創投趨勢投資的歷練，再加上己身的勤於拜訪及鑽研努力，都是造就我可以將成長型投資結合理論和實務，在課堂講堂上與投資大眾侃侃而談的基石，但還有一個重要推手，就是汲取於投資大師的智慧，無論是費雪（Philip Fisher）、史萊特（Jim Slater）、聶夫（John Neff）、歐尼爾（William O'Neil）、林區

（Peter Lynch）還是米奈爾維尼（Mark Minervini），他們都被我歸類在成長型投資者，所以本書的第四篇我將帶領讀者，如同當初的我，盡覽大師們的投資選股哲學，並試著將其應用於台股。

最後本書的順利完成，要感謝嘉實資訊提供的操盤軟體及其團隊，給予在大師選股篇章的協助。誠心企盼讀者能認真思考書中談的論述，於未來運用到實務操作上，並獲致豐碩的戰果，那會是我最大的成就！

作者　謹識

第一篇
認識成長型投資

- ◆ 何謂成長型投資？
- ◆ 為何要投資成長股？
- ◆ 如何觀察成長？

何謂成長型投資？

對於「成長」這件事，讀者一定有自己的認知看法，但請務必重新瞭解這裡我對它的定義，而這些定義會決定怎麼進行「成長型投資」。

首先要界定的是觀察什麼東西成長。大凡一個企業由小變大的成長軌跡可以從股本募集以及其變化看出，而募集來的資金假定都用於本業，可以擴充生產線、招聘員工並購買生產所需的原材料，透過生產流程做出產品，最終銷售產品出去產生營收。這個過程看起來既合理又似乎有其共通關聯性，實則非必然！

成長型企業股本一定會隨成長而變大嗎？事實上，它們除了成立早期階段會快速增資股本外，在成長階段中除非必要，可能有好長一段時間會維持股本不變。所謂「必要」就是有較大規模的擴張，可能內部增加產能，還是跨入新產品新事業，或者進行外部併購，否則無論適度擴張或營運週轉所需資金，皆可以倚靠累積的獲利支應，也許搭配合理範圍的銀行借款。其他會增資的動機可能來自增加股票流動性，或者引進策略投資者等等。

產能規模與員工數更無法全然界定成長。這些優秀的企業會儘量不讓事業淪為軍備競賽的可規模化，而是藉由製程改善與良率提升，加上運籌管理來提升單位產值，更有可能是選擇高附加價值的產品，這些都可以在產能不變下達到成長。員工

數也是一樣的概念，利用廉價勞力成本的人海戰術，絕非「正常」成長企業所擅長，反之成長企業往往朝提升自動化發展，人工卻越用越少，所以員工數常是反指標，惟研發人數除外。

至於以營收作為成長觀察指標，不能說不對，因為大多數企業的成長動能來自於營運規模的擴大，且可說是最容易觀察，也最為領先的指標。惟從最近幾年我注意到某些企業，它的成長模式並未建構在營收的規模成長，就是說營收或許只有微幅的增加，但因產品組合改變，通常是對毛利差的產品降低比重甚至放棄，而轉向或增加毛利較佳的產品，使獲利得以相當程度的提升，當然靠原有產品漲價也是可能，只是這現象不易見也難維持。反之有不少企業空有營收的大幅成長，卻因產品跌價或是低毛利產品比重增加，獲利不進反退。所以光以營收之增加，實不足以論成長全貌。

市值又如何？成長企業確實因股價明顯反映成長性，以及長期成長中的股本膨脹，而使股票市值明顯躍升，尤其高成長者會出現市值快速暴增，不過我要提醒市值是水到渠成的結果，是機構法人（尤其外資）用以比較股票間股價合理性的參考，與一般投資人沒有太大關係，更不會是觀察成長的主要指標，反而要避開只靠股本膨脹的高市值成長股。

歸根結底，成長型企業的「成長」只應關注在獲利上，即使其它指標可能具有成長觀察的領先性，或者是事前徵兆，但一切以獲利成長為真，即專業上所稱損益表最下面一行（Bottom Line）的本期淨利，其他指標並不能全然表達。若要更精準一點，是該看稅後淨利的變動率，而不是每股獲利（EPS），因為

股本會變動，導致每股獲利失真，只要某期，無論年或季的稅後淨利較前一期達某程度的增加，即被視為成長。本業不賺錢或賺很少錢的企業不能奢談成長，這種非本業獲利能力來自於無法控制外力或其他一次性因素，縱使有前景可期，頂多視之為「轉機」而非成長。實務上很多人常誤將轉機當成長，尤其是炒作熱門題材的股票，通常也是散戶最容易被媒體與投顧老師呼攏的股票。在此先聲明，轉機股不在我們討論範圍，往下你會更清楚二者的差別，若有興趣研究轉機股，可自行參考如《散戶升級的必修課》或其他書籍。

　　成長要觀察多久又是個課題。依照規定企業每季按時得公佈財務報表，雖然某些企業自發或被主管機關要求，會公佈單月自結財務數字，但一切應以會計師簽核過的公告為準。第四季的財報累積是為年報，第二季累積稱為半年報，也各自有它們的意義。所以財報是以季為比較，那怎麼比呢？若以單一季可以跟前一季比較有無成長，也必須與去年同一季度比較有無成長。半年報除了與去年同期比較有無成長外，我們也會關心下半年有沒有優於上半年。當然真正的成長趨勢唯有以年度來談論，即使還未完全實現，比方在年中階段，必然會評估年度的成長性，這才是成長型投資的意義，即今年能否比去年成長？最理想的模型是可以期望連二年或以上都達到成長要求。還有其他的比較方式，待後續再作詳細說明。即使市場常常試圖想從營收去領先預測成長性，我也建議用一季的營收趨勢來觀察，而不是追著月營收的波動，忽而看好忽而看壞，畢竟影響一個月營收的變數很多，短期或長期，一次性或持續性，皆未可定

論，所以若要論趨勢，亦請以季營收較為客觀。

　　定義的關鍵在上述的「某種程度的增加」到底是多少？也就是成長率達多少是有意義的？每個人認定見解不盡相同，我的底線是年成長 10%，意思是年成長不到此標準的股票基本上先淘汰不看，如果一定要參考，那就請以「價值型投資」去思考。單年的成長率要求是 20%，如果是不到 20% 的年成長率，必須證明有連續年數達標底線的獲利能力，否則不會放在優先名單內。後續會討論成長的類型，自然能理解何種成長數字對某類型是有意義的。

　　還有一種成長評價方式是基於同類股的比較，意即該企業的成長性是否高於同業平均，來論斷其成長性是否顯著（outstanding）且合乎要求。這種方式常出現在產業的成長性並不高，例如小於 10%，但個別企業的成長性一定程度高過這數字。

　　好了！這一段章節的最後我就要給成長型投資下一個我的定義，算是個基本且最寬容的定義，後續才會衍生出不同的成長型態。

　　成長型投資必須要求某股票至少一個未實現年度的稅後淨利年成長性達到 20% 以上，或者至少三年平均獲利成長超過 10%。

　　達不到此低標的股票，至少一段時間內你毋需關注它，別以為這條件過度寬鬆，據我的經驗，這條件無論該年景氣好壞，都至少會淘汰掉半數至三分之二以上的股票。

為何要投資成長股？

　　凡事皆有其動機，為何要投資成長股呢？簡單地說就是能以較佳的效率獲取可觀的報酬，而且風險未必如不懂的人所想像的來得大。

◆ 報酬

　　要問我成長型投資可以有多少的報酬率，其實沒有一定答案，但對大多數人來說，確定是可滿意的報酬率。四個月不到賺取近二倍的報酬率如何？當然好到不行，這是我的操作實際案例，但這種機會確實可遇不可求。那麼三個月獲得超過五成的報酬率如何？顯然還不錯，也是我的操作實際案例，但老實說它發動的時間與速度都超乎我的預期。而假使投資三年的報酬率有個一倍，你覺得怎樣？就我而言已經可以滿足了。無論我們要進行什麼樣的成長型投資，或是你對該投資的預期報酬為何，其實都是以這些股票的成長趨勢持續多久，以及成長到何程度有關，只要這趨勢是確定的，賺多少往往要看機緣，而且是水到渠成，不過報酬率應該確定比大多數人所做的投資績效好吧！

　　我最後告訴你，上述這三個案例都符合我對它們趨勢的預期，大致能有個三成以上的年化報酬率，都算是成長型投資的基準目標，或許必須因經濟大環境或大盤位階而下調預期報酬，

但結果我都欣然接受。

◆ 效率

效率當然與時間有關，如果可以選擇，若要獲得相同的報酬率，投資人一定會選持股時間較短，可達成一樣報酬率的股票，甚者寧可犧牲少一點的報酬率，也傾向持股時間偏短的股票。我向來支持這樣的做法，不在於什麼「兵貴神速」，而是我認為在一定時間內，掌握一檔股票最甜美的漲勢，比什麼都來得有成就感與滿足感，因為經濟環境會變，產業趨勢與企業競爭力更會變，很難與一檔股票天長地久，何況真正值得投資人作長期投資，例如超過五年甚至十年的股票少之又少，即使有像台積電這樣的股票，2017 年它在相隔十七年後再度到達 200 元，但萬一你是在這段期間內套在相對高檔，可想而知其內心的煎熬。

這樣的思考無非是顧及資金的效率，理想的情況是在一定時間內完成一檔股票的操作，再將資金轉往下一檔潛力股，當然你可以同時有三至五檔持股，然後依序作更替，至於一定時間是多久，上一段談報酬率的案例已充分說明。

◆ 機會

經濟學談機會成本，成長型投資也完全呼應這論點。每一段時間，以我為例就是一季或是一年，都有最佳投資機會的產業趨勢以及相對應的潛力股，即使無法把握所有或大部分的機

會，至少該讓你的投資放在這類機會上，而因為成功的一檔成長型投資在一定時間內完成，你有充分的資金與時機再掌握下一檔成長型投資的「機會」，並能依此循環下去，而不是讓資金陷在不太有成長機會的股票上。

◆ 風險

成長型投資有風險嗎？當然有！不再成長或是成長趨緩就是最大風險，換句話說，你預期它應該會怎樣，但結果跟你預期的不一樣。這種事我也碰過，通常代表我對該產業與企業的趨勢掌握度有問題，大多數的情況是只要事前的研究（包括拜訪等）功夫下得夠深，找出的證據夠有說服力，則趨勢一旦開始發酵，只剩下賺多賺少的問題。因為無論產業或個股成長趨勢的確定性，正是削減風險的重要因素，自此產業或個股的發展不會曖昧不明，至少一定時間內不易轉向，對投資人的保護自然形成。你一定聽過所謂「長線保護短線」，長線指的就該是趨勢，而短線難免因經濟環境或市場認知與行為，產生個股股價的波動，往下有更多的案例可以佐證。

不了解成長型投資的投資人，可能還會質疑例如流動性的風險，我承認大多數成長型股票在還未被市場發掘之前，是沒有什麼成交量的，在我看這很正常，原因之一是這類股票股本不會多大，股本小於十億者司空見慣，但嚴格地說，並非來自股本小的原罪，而是因穩健踏實經營，鮮有擴張資本的籌資動作，加上大股東原就持股不低，長期看好未來發展，非僅沒有

出售股票，更有甚者在股價低迷時增加持股，以致在外流通籌碼不多，形成低成交量。這需要擔心嗎？我的經驗是再沒有成交量的股票，只要成長趨勢如預期的發生，買盤不請自來而放大成交量，從低量做到大量反倒是成長型投資的常態，所以我常說：「不怕沒有量，怕不會漲」，就是這個意思。

♦ 產業趨勢

　　每年每季盤面上的主流產業不盡然相同，長則可能三五年一輪，那已經算是夠好夠久的，經常可見的是一個產業好不過一二季，特別是淡旺季稍為明顯者。成長型投資的好處是切入正在成長的產業，這些產業很可能是你原先完全不了解的產業，這裡講的與「機會」那一段概念有點雷同，但我更強調的是學習不同產業這件事。成長型投資的奉行者，比別人有更多的動機，去接觸並瞭解新的或不同的產業。

　　以我個人經驗為例，因曾在電子業與創投任職過，最熟悉的莫過於電子股，也許數年前或更早會相當吃香，對許多新的電子產業趨勢自然不難理解，但評價與判斷非電子股就顯得扞格不入。例如我書上舉過像潤泰全這類中國收成股，或者是後來的生技股，甚至文創股，因為它們背後有著強大的成長趨勢，我絕不會畫地自限地逃避認識，反透過認真研究，一樣可以駕馭這類股票的投資，除了開闊自己的投資視野，也有種與時俱進的參與感，難怪有人說做股票到老都不容易癡呆，十足是活到老學到老嘛！

或許有人舉巴菲特的名言：「不要投資自己根本不瞭解的生意，不熟不做」來反駁我，他的觀念我能理解，但應該是先研究過，仍無法看出其成長趨勢以及投資吸引力的邏輯，才來下定論，而不是一開始便自廢武功。反之很多散戶只操作自己以為熟悉的產業與股票，除了錯失成長趨勢的機會成本，在產業已變化卻觀念不改、停留在過往既定印象下，往往就抱著套著一堆機會相對渺茫的股票，從過去到現在，散戶最愛買面板或 DRAM 之類的股票，便看得出這種誤謬。

♦ 成長型投資 vs 價值型投資

我幾本著作都談過，在此再重申一遍，我從不反對價值型投資，完全是資金屬性、時機、年齡、心態個性，甚至是資金分配的問題。

如果是像退休金之類的老本，我絕不敢叫你一定拿來作成長型投資，萬一有個閃失，恐怕經濟就陷於拮据。但如果你是不影響生活的閒錢，我就比較建議你好好研究成長產業與個股，它的好處在上面的篇幅中都已闡明。

如果股市處於長期偏低位階，或者仍在走勢偏多的太平盛世，我鼓勵投資人應多掌握機會，用成長型投資獲取較大報酬以及較高的投資效率，所謂「能賺大的先賺到手」。反之，處在前景不明或是系統性風險升高之時，才考慮逢低進行保守防禦的價值型投資，這時的動機在於避險保值而非報酬誘因，能以高殖利率與股價損失極小化，使資產安全性提高。

年齡的議題與資金屬性有些關聯，年紀偏高的投資人，其風險趨避的需求提高，或以價值型投資追求穩健獲利為要，反之我也鼓勵年輕人要大膽迎向成長型投資，由此可窺得投資殿堂之全貌，更能與時俱進的學習與成長外，最重要的是你還輸得起，即使幾次的失敗虧損，若能從中學得經驗與教訓，必將蛻變為一名專業的投資人。我自身的投資經歷以及後述的大師故事，我想對這點有很強的說服力。

　　若是投資人的心態個性真的是保守到極點，例如承擔虧損這件事會讓你情緒崩潰，當然不勉強一定要做成長型投資，大可做任何保守投資，包括你所認知的價值型投資，但請先搞清楚這些是真保守，還是被包裝的保守，因為金融海嘯時，理專賣給你的連動性商品也被稱作保守啊！

　　其實價值型投資與成長型投資不一定是有你無我的二分法，而是可以成為一種資產分配的「組合」。我曾經談到散戶適當的持股檔數時，提過「三長兩短」的五檔持股策略，長短是相對的，其中的「長」就可以選擇偏向價值型投資的股票，「短」則較類似成長型投資，而且這組合並非一成不變，若跡象顯示行情偏更樂觀，「二長三短」甚至「一長四短」也可以考慮，既有機動性也兼顧持股長期安全性與短期報酬率，不失為可以參考的投資組合方式。

◆ 成長型投資 vs 技術型投資

　　技術型投資依賴技術分析沒什麼不好，實務上我也鑽研技

術分析，並用來做很多像買進賣出的參考依據。技術分析是統計的延伸所得到的結論，可以應付通則，但難以應變例外情況，它們訴求以往都怎樣，可惜有些時候這次真的不一樣。舉個例子，像許多長線的飆股都會有指標鈍化的情況，按指標看早就過熱會超買，而應該出場，那就錯失了可能更大的一段漲幅，要是能從成長型投資瞭解趨勢，或許看似過熱時，還只是長線起漲點呢！

其次，技術分析容易被人為所操控，特別在那些有主力控盤的中小型股上，例如按通則股價突破壓力時該買進，跌破支撐時要停損，因此主力抓準技術型投資者心理，常會製造假突破或假跌破，誘使投資人作出錯誤決策，無論均線或型態等等都一樣，這時若能有中長線成長趨勢的判斷，可以不理會市場的假動作，把握度也會提高。

最後技術投資者往往太在意及強調短線變化，而急於做動作因應，這樣做常會停損或停利在極短線，也許當日或幾日內或許看似正確，但只要中長線趨勢支持，未來回頭看都可能有所誤失，差別在於短線的價格變動有太多的「干擾因素」，

技術投資者難以判別哪些只是所謂的「雜音」，而哪些又是確實會改變價格走勢的「趨勢」。作為成長型投資者，除了關注中長線趨勢，我會藉助技術分析在較長週期，例如周或月上的趨勢來輔助投資判斷。

◆ 成長型投資 vs 籌碼型投資

籌碼變化說穿了就是參與者的買賣行為，即誰買了、誰又賣了，惟買賣涉及交易者對股價的認知，或者其他不明動機。短線上任何有影響力的買盤或賣盤都能影響股價漲跌，但只有對未來成長趨勢認知正確的買賣，中長期才會決定股價走向。

籌碼型投資每日追蹤法人與散戶的買賣變化，更深究券商分點進出，以掌握所謂「大戶」或「贏家」的動向，其實是只知其然，未必知其所以然。以法人為例，有太多的低檔錯殺以及過於樂觀的高檔搶買，還有一堆奇奇怪怪的理由，出現所謂的假動作，投資人太過於深信，除了被誤導，也可能產生認知混淆。

作為成長型投資者，我會以中長線趨勢來配合籌碼變化參考，尤其當我所認知的趨勢與籌碼變化出現反向時，更值得我深入研究，因為若確認是低檔被錯殺的股票，往往報酬空間更大。另外若以不同參與者來評斷，我比較在意長線低檔默默持續的買盤，後面的篇章再來好好討論。

◆ 成長型投資 vs 短線投機型投資

在現今資訊發達的投資環境裡，這兩者是最容易被混淆的，短線投機型投資較常運用稱為「題材」與「消息」，而成長型投資看的是中長線趨勢，一般投資人不易分辨其中差異，容易誤以為前者為後者。常出現的一種情況是某些有曝光度與話語權的老師或專家，會渲染某種未來可能趨勢的潛力，然後點名一檔或幾檔的「受惠股」，而其實這些股票可能僅沾到邊，或是八字

還沒一撇，若是股價真的拉抬漲了，投資人會更深信。厲害的是他們在分析產業趨勢的邏輯大致都正確，只是點名的那一檔有點牽強或疑慮，這顯然是先射箭再畫靶的招數。至於同時列出幾檔，也可能只是多找些不是主推的股票來陪榜，實則仍是心有所屬。

媒體報導所引用的資訊也有類似情況，要不就別有用意地誇大個股的利多，或是不夠專業地列幾檔「概念股」，時至今日仍屢見不鮮。不論是老師專家還是媒體，目的都是在短線內影響股價，影響投資人判斷，特別是容易有衝動性交易的投資人，其動機也就不言而喻。

投機型投資也可能持續一段時間，以急漲方式（例如連飆漲停）來引發投資人興趣，等到基本面跟不上，或者市場追價乏力時，股價就暴起暴落的回到原點。作為成長型投資者，我看慣了這些伎倆，所以常告誡投資人，真的趨勢股很少常常漲停，反而會漲不停，因為趨勢本身就是長的；反之，股價漲很急是種炒作的心虛，趕快做完好收割。如果你經過成長型投資的訓練，自然懂得判讀差異，並避開為小利近利而招致虧損的風險。

◆ 成長型投資 vs 隨機型投資

談了上述幾種投資哲學，我必須說大多數的投資人要不屬幾種哲學的混搭，要不就壓根不知自己遵循的是哪一種哲學，每每隨波逐流，失去方向，對於成長趨勢畫地自限，對於趨勢不成長的股票卻抱殘守缺，偶有成功獲利者，因不知其趨勢所

以然，最終一鍋佳餚僅喝到幾口湯。

　　如果經過成長型投資的訓練，選股懂得取捨聚焦，抱股多了份篤定，連進退都有所依據，即使沒賺取最大報酬率，也有相對滿意的報酬率，就算也會有判斷上的閃失而錯失機會或產生虧損，至少知其所以然，前事可為後事之師，累積為投資經驗。

如何觀察成長？

　　事有先知先覺與後知後覺，不知不覺的就不討論。成長這件事的觀察可以依認知到的先後分三種階段：洞燭機先、見微知著與眼見為憑。洞燭機先必然是先知先覺，預先看出趨勢並反覆求證，進而掌握了投資機會，只不過通常先知都是寂寞的，過早看好必須忍受一段時日的徒勞無功，甚至旁人的異議挑戰，同時這種功力亦非常人所慣有，雖然方法值得學習，但投資實務上不一定要勉強為之。

　　見微知著比洞燭機先更有明確訊號，差別只在於當訊號浮現，每個人的敏感度不同，就是說資訊機會均等，亦有先知先覺與後知後覺之別，但都已經比要做到洞燭機先容易些。

　　至於眼見為憑，就是有已實現的證據攤在眼前，這時才茅塞頓開、恍然大悟，或許已算後知後覺，但若趨勢仍長而未減緩，尚且有利可圖。往下我來談談從認知到成長的先後各應觀察什麼。

◆ 洞燭機先

　　這一階段坦白說只是有成長股的「預感」，談不上「訊號」，但預感也不是憑空而來的靈感，至少得看出一個「對的產業」，以及產業內相對應的一個或一組「好公司」，這順序可能先研究到產業再找個股，或者反過來先注意到個股，再研究產業，關

於對的產業與好公司不多佔用篇幅，有興趣可以去查閱拙著《沒人教你的基本面投資術》中，有關產業分析及企業評價的章節，其它相關技巧方法會放在實務篇再談。

看出一個潛在標的的「機」只是初步，因為還沒有成長訊號，少則一季半載，多則一年以上的空窗等待，有時我們就忘了、忽略了或放棄了，只有持續關注它的發展才容易掌握真正訊號來臨時，但前面的工不僅要做好，還要定時更新，檢視看趨勢是否改變。

♦ 見微知著

有一首兒歌說得好，「春神來了怎知道，梅花黃鶯報到」，春神是成長，梅花黃鶯就是訊號。這一階段成長訊號出現了，即使只是「微」訊號，但關鍵就在能否提早看出。

這類訊號可以再細分二階段：質變與量變，企業質變階段只知道發生了什麼事，或者確定即將發生什麼事。這些「事」包括了我過去著作都提到過的「企業成長現象」，像下列這些，在此僅簡單提一下。

▶ 切入富有潛力的新事業或新應用

原本從事的事業或是產品遇到瓶頸，而呈現業績成長遲緩，這時切入具有前景的新事業，也可能是原產品找到新應用，被預期將可帶來營收與獲利的成長契機，例如碳纖維廠商切入高門檻的航太應用。

▸ 與大廠策略聯盟

大廠通常指的是產業中重量級的業者，被大廠看中而與之合作，意謂企業無論產品技術或其他方面具有一定的競爭能力，無論是產品技術合作甚至股權的持有，都是往後業績正向發展的前兆，或至少具有想象空間，例如與工業電腦龍頭研華結盟的零組件廠商。

▸ 產品獲客戶認證通過

所謂「認證」分一般性與針對性，一般性通常僅是一種規格規範的認證，例如無線充電技術聯盟之類，只能視作拿到門票，不值得小題大做。然而企業的產品若能獲得指標性客戶的認證，則離獲得訂單就不遠，例如被蘋果列為合格供應商，自然意義重大。

▸ 接獲大訂單或打入某市場

這是最直接會反映在業績上的「現象」，通常訂單來自指標性客戶，或者由原先的主戰市場擴大到其他市場，且新增訂單金額相對於目前營業額有顯著性比例。過去特斯拉電動車具有指標性，所以打進它的供應鏈的個股，無論話題或業績都能實質受惠。

▸ 合併併購產生綜效

這裡要強調的是「綜效」，合併併購是企業慣常擴張業績的方式之一，理論上必然帶來營收與獲利的增長，但如果產品技術、客戶重疊性、營運版圖等面向不具互補性的綜效，一加一自然無法大於二，其實與花錢買業績無異，所以對這現象更要

有專業而深入的評價。

▶ 產品或技術具重大替代性

　　一旦這類替代性確立，成長趨勢便因著替代的滲透率逐步拉高而來，差別只在替代的速度快慢。過去的經驗告訴我，消費性產業的替代速度往往比先前的預測來得快，例如液晶電視取代傳統電視，或是智慧型手機取代功能手機，但也要視技術改進、價格功能比或基礎建設等等而定。

▶ 產品供不應求或漲價

　　漲價帶來的成長可說是躺著賺，因為可能不必花多大力氣，問題在於漲價的態勢能持續多久？如果漲價是成長的加分項目，主要還是靠其他現象尚可取，若成長單獨存於供需失衡的漲價題材，多半淪為景氣循環，未來性有一定的疑慮，不在本書討論之列，例如近年代表性的矽晶圓與被動元件。

▶ 養成金雞母

　　企業會基於產品產業互補分工，或水平垂直整合，還有包括前述佈局新事業等等動機，而有所謂轉投資子公司，若是這些轉投資爭氣且發展順遂，當它對母公司的貢獻顯著時就成了「金雞母」。要注意的是假使本業乏善可陳，僅有金雞母題材，則這成長的成份是該打折的，何況大多數金雞母最終會獨立去上市，市場終究只會關注它們。

▶ 找到富爸爸

　　大企業大集團作為富爸爸，會給錢給訂單等資源，使原本

相對中小型的企業事半功倍，業績得以成長壯大，一如站在巨人肩膀上。這類的案例很多，有時與前述的策略結盟難以分辨，差異可能只在富爸爸對兒子的持股比重常高到有控制力（例如過半），而策略結盟即使投資，亦僅屬策略性質。

這些年我的經驗累積，還發現了更多的成長現象可以提出來分享，包括下列這些：

▶ 換機潮

這裡說的「換機潮」不是大家常聽到的消費性電子，例如每一代微軟作業系統帶動個人電腦、蘋果推新款手機之類的專利，而是像資本支出需求，或效率要求提升，帶動的各式設備換機潮。這種換機通常要三至五年才見到一波，往往也就是設備商與零組件商重要的成長驅動力。

▶ 產品或營收組合改善

前面談過在營收成長不明顯下要能提升獲利，靠的就是這種方式。企業可能有毛利率高低不同的產品或事業，而訊號顯示高毛利率的產品或事業即將出現明顯增長，無論是來自上述的新客戶新訂單，抑或大廠合作等等，都可帶來成長。

▶ 營運改善

這指的是成本效率端的改善，最常見的就是良品率提升與自動化，最終都能反映在毛利率的提升，帶來成長。近年我更發現非製造業在智慧物流方面的驚人成本效率改善，最具代表的是百貨業者寶雅，物流改善後獲利快速提升，加上擴張店數，幾年內營收翻倍，獲利更增加二倍多。

▶ 轉投資營運改善

有些企業本業獲利不差,但被轉投資虧損所拖累,現在出現轉投資營運明顯改善,可能轉盈或虧損大幅減少,不再扯後腿,將使得企業的獲利數字為之改觀,來自本業的成長得以彰顯。例如中橡轉投資的電池廠能元轉虧為盈,不僅少了包袱,還有望發展為金雞母。

▶ 籌資

先聲明不是說籌資都是好的,這點我在《散戶升級的必修課》就分析過,它只在某些條件下會是成長訊號。企業過去鮮少籌資,屬於營運穩健甚至偏保守,這樣的企業會要籌資才屬有「故事」,通常伴隨訂單能見度高,以致必須擴張,或者與上述各種訊號連結。其次企業的股權相對集中,在外籌碼有限,則籌資有提高流動性的加分作用。

企業常態下會同時出現數個成長現象,只要夠明確,幾個不是重點。最主要這些訊號必須經由邏輯推理與客觀預估,算得出對業績的新增貢獻度,就會是不遠將來企業成長的動能。若是貢獻度不明顯不確定,則僅視為題材,或是有待更多訊號出現再論定。

◆ 眼見為憑

這階段已由訊號轉化為證據及更多的證據,數字就是讓投資人有憑有據,什麼數字?每月十日前公佈的營收常會是領先的證據,不是最為必要,但可能「春江水暖鴨先知」。至於為什

麼非必要？前頭已經說明過，何況除了極少數企業每月會公佈自結獲利，多數得等一季才公佈一次的財報，而且看到數字時該季至少都過了個把月，所以姑且先相信營收可能與獲利呈正相關來觀察。

問題是多少的營收月增率或年增率，值得投資人提高警覺關注？這沒有標準答案，我認為只要比過去幾個月來看，有明顯的跳增，例如年增率達 20％就很有意義，當然也要看成長型態而異。至於月增率一般只是參考，因為月增率常伴隨淡旺季因素，未必客觀可信。此外高成長型態的股票常見營收會創歷史新高，也會是一個指標，在其成長期間，創新高是常態，偶有一或二個月停頓後，仍有機會再創新高。累計營收成長率看的是成長的加速或減速，也是依不同成長型態，觀察看是否具顯著水準。總之，營收作為成長的證據，還是要配合中長期趨勢來看，遇到有點速度的變化，就重複檢驗趨勢有無改變，或者只是短期因素。

獲利才是重點，前面定義時已強調，同時也是最重要的成長證據。每每分析財報先看向最底下的本期淨利，與去年同季比較可有顯著水準之成長？累計之淨利是否達到成長定義之目標？如果一直以來股本皆未膨脹的企業，當然可以簡化用 EPS 來比較，股本有變動則容易失真。

獲利不僅看結果也重內容，務必客觀檢視好在哪裡？不好又在哪裡？變好變差是常態性因素？還是一次性短期性因素？因此毛利率或營益率是第一個被關注。毛利率的上升趨勢是確保成長的重要因素，縱使毛利率不增，僅靠營收成長仍可達到

獲利成長，但最佳狀況是毛利率也同時上升。毛利率有變化時，務必深究是產品售價、產品組合、製造成本中的材料或人工或良品率，還是其他如匯率的原因。

營益率是毛利率再扣除管銷及研發費用的成績，管銷三費用在乎與營業活動有關的推銷、人事薪資等管理費用以及未來貢獻的研發費用，其管控是否得宜？若有增加其原因為何？特別研發必須能具體化為預期貢獻，由此總總才知成長的趨勢性。

營業外收入也好，營業外支出也罷，增減都不應視之為成長趨勢的必然，只有一種控股型態企業為例外，可以常態性依賴轉投資效益貢獻成長。

有關財報損益表更多的解析，可參考《基本面投資術》之財報分析。最後要強調這階段檢視營收及財報成績不是句點，有這些具體數字，才是開始要對未來趨勢性作延伸推估，所以又回到前面二個階段的循環檢視，如此循環至發現成長趨緩甚至衰退為止。

第二篇

成長型投資型態
與選股策略

◆ 成長型投資型態
◆ 成長型投資選股策略
◆ 敏感度與判讀力
◆ 長線成長選股方向

成長型投資型態

　　成長股的型態非一律同樣，彼此之間有共通性，亦見差異性，以至於在選股、操作到評價，都會各適其所，投資人務必先有此認識。

♦ 標準成長型態

　　從我開始研究並實務操作股票，這種型態是我遇過最多的。標準型態先由一個獲利性不算好甚至可能是虧損的年度開啟，接著出現高度成長的一年，然後接續的一至二年仍有不錯的成長，惟幅度未必高過前面的年度，圖 1 說明這樣的走勢。標準成長型態通常由 Top-down 方式聚焦主流產業的股票，或者由Bottom-up 方式去研究個股產業與營運質變，都會有明顯的成長訊號可依循。

圖 1. 標準成長型態走勢

這種型態的產生可能有以下兩種原因：主要營運產業進入成長期，企業搭上順風車，最常發生在主流明星產業，也就是說企業成長的軌跡，相當程度貼近產業跳躍的趨勢。過去宏達電在智慧型手機的初期就是走此成長模式，除了自身成長，還曾帶動供應商（如擎亞）有類似的成長動能。或是像蘋果引領筆電走向薄型化，產品大賣因而帶動零組件供應商（如美磊與濱川）雨露均霑，業績大為跳增，圖2是濱川當年的股價走勢。晚近電動車題材造就隨特斯拉崛起帶動的概念股，如貿聯與和大亦走此成長模式。

另一種情況是產業也許還只是穩健增長，但企業因為某些質變，提升了競爭力，從而業績呈現明顯跳升。這種情況最常出現在不少傳統產業，以及相對較為成熟的電子產業，至於所謂「質變」，不外見微知著該段落提到的那些（詳見第33頁）。例如當年成衣產業整體僅微幅成長，但儒鴻主攻高毛利運動機能衣，並獲得大廠長期訂單，業績翻倍的跳增，不到二年多股價已從20元不到漲至百元，它的上游東隆興受惠於此一趨勢，直到儒鴻百元才因擴產帶動業績成長，而跟上走勢。較近期的例子是健身機的力山，同樣整體健身機產業只是平穩發展，但它因新客戶與新的商業模式成功，而獲得大訂單，因此受惠使業績突破長期低迷，創造一番不同的格局。

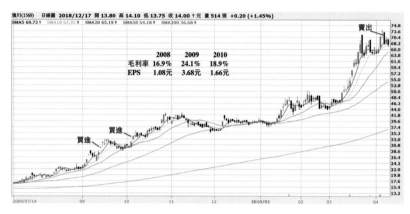

圖 2. 濱川股價走勢

　　標準成長型態投資的成功關鍵，在於觀察產業成長驅動力，以及個股的成長訊號，於訊號確立或至少強烈時佈局，給予積極的成長評價。

◆ 長線十倍勝成長型態

　　這類股票並不多見，必須具備產業領導地位的深厚競爭力，同時企業以穩健步調發展，而不追求短期爆發成長，如此才能耐得住景氣波動，但長年累積下來亦成長可觀，要觀察這類股票，應至少以五年為期來評斷，圖3說明這樣的走勢。「十倍勝」的成長型態有點像價值型股票，但其成長性與股價報酬空間優於價值股甚多。

圖 3. 十倍勝成長型態走勢

　　我在台灣股市資歷夠久，看過許許多多的產業與個股興衰，也拜讀過《十倍勝，絕不單靠運氣》這本經典，最典型的十倍勝成長代表股就是研華。研華過去是工業電腦龍頭，任職過創投的人就瞭解，過往這產業是沒有吸引力，平均每年成長率不到10％，完全不會是明星產業。研華在 2009 年金融海嘯過後股價甚且還不到 50 元，月營收也不到 20 億元台幣，低調的企業搭上物聯網智能應用趨勢，就在董事長劉克振提出五年成長翻倍的計畫後，每年穩健踏實的達成目標，到 2015 年也確實成長了一倍，而再啟動新一輪的成長翻倍計畫，2016 年月營收突破 40 億元，同年股價一度來到 289.5 元的歷史次高價，值得注意的是

2012 年歐債危機絲毫未減緩它成長的步調，也因為這樣的十倍勝特質，即使 2015 年八月股災，股價最低都還有 188 元，期間還遭逢同業挖角等利空焠鍊，股價幾度也跌破 200 元，但都能獲得長線買盤相挺，而迅速站回 200 元，圖 4 是研華長期的股價走勢。

圖 4. 研華長期股價走勢

　　研華是我講課時最喜歡舉的範例，優質企業加長線趨勢使然，才有十倍勝的永續成長。至於還有十倍勝成長的股票嗎？我認為有的，例如不少具「隱形冠軍」特質的股票，差別只是某些股票上市櫃的時間還不夠長，或說還未經歷過景氣循環的大考驗，有待一步步觀察下去。也有些股票有十倍勝特質，像是近五到十年的台積電，但更早期它型態上較近似後面段落的階梯成長，

　　十倍勝成長型態投資的成功關鍵，在於個股的長線競爭力，於股價超跌時佈局，給予穩健的成長評價，當作價值投資亦無不可。

◆ 價值成長型態

價值成長型態，顧名思義原本屬於穩定獲利的價值投資股，因為質變產生新而更強的成長動能，於是獲利能力比之先前的平緩，轉為明顯向上突破，圖 5 說明這樣的走勢。

圖 5. 價值成長型態走勢

這類型態成長多半不由產業本身推動，整體產業甚且不太成長，企業透過內部新產品、新市場、新通路或者新的管理工具的努力，可能還包括外部併購或策略合作，而達到成長新局。上市櫃公司中，最具備這類特質的大多來自隱形冠軍族群，像老牌化工廠花仙子，很早就已是芳香劑及除濕產品的領導品牌，2012 年老董因病過世，女兒接棒後的幾年內，推出環保清潔產品，併購拖把第一品牌「好神拖」，又是佈局大陸電商通路及強化東南亞市場開拓，同時設立物流中心以提升效率，獲利的增長與股價的表現均有別於以往，圖 6 是花仙子的股價走勢。

價值成長型態投資的成功關鍵，在於先能以個股價值作長線投資，但持續觀察企業的質變，當成長訊號確立，則以積極的成長投資評價之。

圖 6. 花仙子股價走勢

◆ 階梯成長型態

　　階梯成長型態不會呈現長期一路成長，中間會有一段期間不呈現成長但不至於明顯衰退，像爬階梯般，上到一個平台後休息會兒，再等待下一波成長，圖 7 說明這樣的走勢。

圖 7. 階梯成長型態走勢

　　會呈現這種現象，多半來自下列幾個原因：最常見的階梯成長來自經濟規模，優質的長期競爭力企業，只要計畫性擴張產能，就能維持如階梯般的成長。例如早年的台積電，當晶圓廠由一二座擴增到第三四座，或者由八吋廠提升至十二吋廠，都曾出現這樣的現象。後來的股王大立光多少也有這樣的軌跡。我在幾本著作都提到過的精華光學也是尋此模式，它不會每年都擴產，而是依客戶訂單能見度作計畫性擴張，每次增幾條生產線，因為不是盲目擴產，每回的投資都能帶動接下來幾年的成長，圖 8 是精華光學長期的股價與產能走勢。

　　第二個原因來自連續性併購，注意是連續性而非僅一次性，一次性併購只可能走標準型成長，唯有連續性併購才會走階梯成長。最典型的範例是自行車鏈條廠桂盟，桂盟當年是以借殼訊康而上市，我以前就談過借殼上市的成功，只會建立在入主

的企業必須具備行業容易理解，且具有競爭力的前提，桂盟為全球自行車鏈條的領導廠，自然符合要件。而自借殼起，它以每一至二年併回一個大陸廠或子公司的步調達成自然的階梯式成長。扣件廠恒耀也有類似型態，先是合併通路商友信更名，再併購德國廠 Eska，且陸續將大陸廠股權買回。較為近期的案例是觀光股雲品，當初由雲朗集團旗下三個個體公司組成，幾年中陸續併購集團內其他資源，最大宗當屬君品飯店，維持長期的階段式成長。有時我會稱這類案例叫「自體成長」，因為成長來自集團的計劃性，不太會受外在景氣影響。

　　階梯成長型態投資的成功關鍵，在於觀察個股的擴張力，擴張持平的期間，只有穩定獲利，不見成長力道，就以價值型投資視之，給予穩健的成長評價；當新的擴張出現，就以積極的成長型投資評價之。

圖 8. 精華光學股價長期走勢

◆ 重返榮耀成長型態

顧名思義這種型態的企業曾經有過好光景，但因某些因素陷入衰退，也許是短期一次性因素，抑或趨勢的改變，然而透過扭轉不利而終能找回成長動能，回到甚至超越以往的獲利水準。

圖 9. 重返榮耀成長型態走勢

這種成長的基本型態軌跡是走 N 字形，圖 9 說明這樣的走勢。如果是短期一次性因素影響所及，那中間的回檔可能只有一年，若屬於基本趨勢上的變化，則會長達數年。例如複合板材廠森鉅，向來維持每年穩健幅度的成長，2017 年突然利空迭至，包括匯損、存貨跌價損失以及子公司提列資產減損，使得年度竟然轉虧，然而細究虧損原因，皆為一次性因素居多，果然 2018 年上半年已繳出亮麗成績。碳纖維廠拓凱也類似，2017 年匯損加存貨跌價損失提列，使得獲利驟減，同樣在因素消除後，2018 年上半年獲利尚且創新高。屬於結構因素的如銅箔基板廠聯茂，甚至歷經五年的調整，降低競爭激烈的消費性電子應用，提升網通及汽車應用，在 2017 年獲得回報，獲利明顯上升，圖 10 是聯茂的股價走勢。

重返榮耀型態有種變形，長期會呈現鋸齒狀成長軌跡，多半源自週期性成長驅動力。電腦啟動程式（BIOS）廠系微，早年獲得 Intel 入股，並參與 UEFI 規格制訂，在 2007 年、2009 年與 2011 年，都曾因推出新版本的升級而業績大好。從事基地台微波元件開發的昇達科也有類似走勢，過去 3G 與 4G 的滲透普及都曾帶動業績推升，也因此在 5G 即將商轉的時刻會受到注意。

最後一種情況來自投資的回收，以控股型態企業最多，生技工業銀行晟德就很具代表性。2014 年生技股成為新寵，掛牌公司股價動輒飆漲，但獲利性尚難以支撐股價，於是回檔甚深，然而晟德近年陸續實現部分轉投資股票獲利，連續二年獲利明顯成長，2018 年更進入另一波轉投資回收高峰期，獲利可望三級跳。

重返榮耀成長型態投資的成功關鍵，在於個股業績不佳時得不離不棄追蹤，觀察企業是否質變，而當成長訊號確立，則以積極的成長投資評價之。

圖 10. 聯茂股價走勢

成長型投資選股策略

♦ Top-down vs Bottom-up

　　成長型投資選股的方向很簡單，哪裡的成長性高就往哪裡挑，無論是先挑產業，然後從中找股票的 Top-down 方式，還是發現個股，然後再去研究產業趨勢的 Bottom-up 方式都一樣。

　　我最慣用的 Top-down 選股會在每年開始前訂出所謂「年度投資主軸」，精選聚焦我認為最看好的產業，每季追蹤它們的發展，當然不會說其他產業都不顧，每季若有新發現的產業機會，即以次要產業研究其趨勢，無論主軸還是次要，都從產業分析進行往下的各種評比，以篩選出「潛力股」，下頁圖 11 說明這樣的過程。

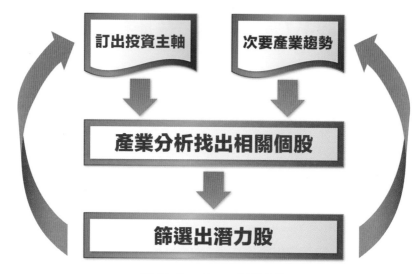

圖 11. Top-down 選股流程

2017 年底在規劃 2018 年的投資主軸時，我提出「MICE」概念，分別代表生技、工業 4.0（工業物聯網）、隱形冠軍與電動車，再加上二個小 C 及小 E 產業，即銅價概念與設備股，構成我對全年產業的聚焦，並從中選出不少的波段潛力股。

至於 Bottom-up 選股我也常用，這應該是大多數散戶投資人的選股模式。一開始你會從幾個面向注意到一檔好像有機會的股票，這些面向包括股價走勢、買賣籌碼、財報資訊、技術線型、媒體報導，甚至特定人的口耳相傳等等，然後你深入去研究它的產業趨勢，再評斷是否將該股列為潛力股，圖 12 說明這樣的過程。

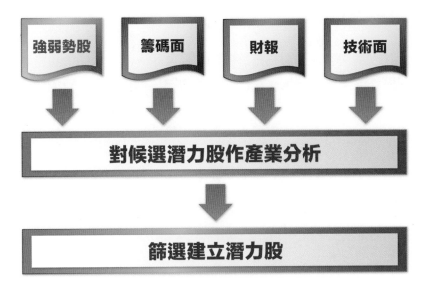

圖 12. Bottom-up 選股流程

　　事實上這兩種方式只是主動與被動的差異，可以並存且交相運用，實務上我從二種方式都有不少成功案例。無論偏好採用哪種方式，都請牢記兩點重要原則，好的成長股一定要有真實的「成長故事」，加上一點「想像空間」，才會造就股價的大行情。成長故事是合理的基本盤，至於想像空間就是可能的超漲部份。

　　接下來的段落我將分享在選股過程中，我常思考的一些關鍵點。

♦ 領先最多

一個產業或是再往下展開的次產業中，誰是領頭者通常是我關注的第一個議題，在沒有其他資訊協同佐證下，買領頭者是最安全妥當的。領頭者一般以市佔率論定，但我更重視競爭優勢，競爭優勢不一定只來自營運規模，也可能是技術能力或其他。惟至少在某些贏者全拿、大者恆大的產業，龍頭股最有吸引力。過去的五到十年間，台積電與大立光已充分詮釋這樣的例子，關鍵在它們跟後頭的競爭者差距已拉到難以追趕的程度。市場的見解或許不同，工業電腦中研華也不一定最賺錢，但我認為它就是領先者。

♦ 受惠最多

每每一個明星產業崛起，或是題材、事件的熱議，從只稱作「概念股」到真正受惠股，我都會一一評比，以找出這些產業對個股營收與獲利貢獻佔比，當然優先挑佔比高者。舉例來說，電動車大家都看好，陸續也有不少企業涉獵其中，形成「Tesla概念股」，但先期看來，和大的漲幅最大，原因無他，就是貢獻佔比，最高時 Tesla 佔其營收近二成，遠高過其它相關個股。2018 年下半年市場開始討論 5G 話題，依據產業資訊，2019 年下半年有望進行商業運轉，又有一堆「5G 概念股」被討論甚至推薦，但認真說到 5G 正式商轉前，只有設備或基地台這類基礎建設相關股才真的能「受惠」，必須有正確認知，才得以挑對股票。

♦ 最為關鍵

　　與受惠最多好像有點像又不太一樣，我常關注一個產業鏈中誰最為關鍵。「關鍵」的定義在於幾點：參與廠商最少、進入門檻最高、供給最吃緊甚至不足，或是佔終端產品成本最大。再以電動車為例，電池就是電動車的心臟，一如引擎之於燃油汽車，所以從電動車產業鏈選股，就關鍵性言，首選當然是電池相關股。再進一步解構，電池相關材料元件中，金屬正極材料供不應求，價格看漲，自然又是重中之重，這是為何康普與美琪瑪這類相關股，可以給到相對高的本益比，而波段漲幅領先。

♦ 進步最多

　　對的產業趨勢下，用前述的選龍頭、選最受惠等邏輯選股都恰當，唯獨有種情況下則未必，那就是有些原本的落後股或非最受惠股，因為質變最多使成長幅度優於其他股，既然我強調成長，所以此時首選的就理當是進步最多的股票。大家可能聽過的銅箔基板三雄，前幾年一直是台光電與聯茂領先台燿，無論就營收規模與獲利能力都是，但台燿因為通訊相關基板佔比越拉越高，獲利成長率便猛往直前，相當程度地超越前二者，過去三年台燿確實是進步最多，不消說股價表現也是最突出，圖 13 是三者股價走勢比較。相關資料整理如下：

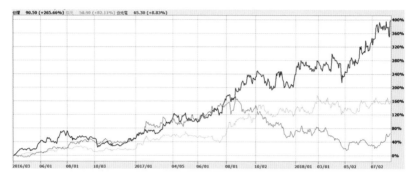

台燿 90.50 (+265.66%) 聯茂 50.90 (+82.13%) 台光電 65.30 (+8.83%)

圖 13. 台燿、聯茂及台光電股價強弱之比較

股票名稱	2015 EPS	2016 EPS	2017 EPS	2018 EPS （~3Q）	2016.3 股價	波段最高股價
台光電	7.55	8.7	8.74	4.15	61.3	167.5 （2017.8）
聯茂	1.92	3.13	4.11	4.12	28.85	79 （2018.3）
台燿	3.11	3.76	4.12	5.66	24.75	128 （2018.8）

　　往下的段落，我再補充一些洞悉個股優劣差異的觀察點，有時會依此給予各股加分或減分的評價。

◆ 利基產品 vs 標準產品

　　一個企業的主力產品是否具有利基性至關重要。近乎標準型的產品可以複製產能大量生產，以創造規模經濟，優點在於管理容易，惟缺點卻不少，因為規格相對標準，進入門檻較低，易受價格競爭以及景氣波動衝擊。反之，利基型產品毛利較佳，若是更貼近產業需求趨勢，將比標準型產品更具成長爆

發力。例如同樣生產自動化零組件線性滑軌的上銀與直得，前者以較大型的標準產品為主，後者則微型線型滑軌佔比高達八成，這從 2018 年第三季直得的毛利率 48.75％，而上銀的毛利率 40.74％，即可看出差異，再進一步分析，直得前二年 EPS 分別為 1.45 元及 4.03 元，上銀則為 4.83 元及 9.77 元，直得的成長幅度高過上銀，是以直得股價從 35 元長到最高 211 元，同期間上銀則為 128 元漲到最高 530 元，漲幅也是直得超出上銀不少。

♦ 單一產品 vs 潛力產品

對企業而言，單一產品可以在一段時間內創造出極大化價值，但產品總有生命週期，因此我會重視企業有無更具潛力的新產品，通常這類潛力產品毛利也較高，一旦又佔比看增，則成長趨勢為必然。生產工業縫紉機裁切刀具的強信，因為是該領域的隱形冠軍已屬不易，然而它開始提供客戶自動化裁切裝置，是核心技術的延伸，但毛利卻較高，因此隨著裝置的比重逐季提升，獲利成長自不在話下。碳纖維老廠拓凱一直都生產熱固型碳纖維（TS），近年開始切入環保可回收的熱塑型碳纖維（TP），在技術穩定後並計畫大舉擴產此產品，將因此有機會爭取更多高毛利應用（如航太）的訂單，並跨入新的應用（如筆電機殼），這都能帶來選股的加分效果。

反之，有的企業產品過於單一單薄，榮景不易維持，並可能潛藏未來的營運風險。例如指紋辨識已盛行數年，某家 IC 設

計確實因受惠而有亮麗成績，2017年EPS來到8.5元，但無論是面臨產品價格下滑，或是競爭者搶食訂單的危機，都會讓股價承受壓力，即使2018年還成長，惟股價已從最高300元之上，最低跌破百元。

◆ 單一應用 vs 多元應用

單一應用市場如果能深耕並無不好，絕大多數的企業均如此，像是過往的PC或手機應用、後來的車用與新能源相關等等，但這是比較問題，多元應用企業可得到加分。例如股王大立光，我必須稱讚它已經做得夠好了，唯獨過於依附手機應用是個風險，想想看如果連蘋果都很難創新成長，它的供應鏈要靠什麼成長？大立光也想分散，所以做起隱形眼鏡，但還不成氣候，而市場寄望的車聯網等光學鏡頭應用還不成熟，股價修正波動就不足為奇了。

多元應用最可能出現在電子零組件與材料廠商，例如專注電感與扼流器的美磊，從早期的筆電等應用，陸續跨入手機、NFC天線、網通、伺服器以及最熱門的電動車等應用，且打入全球一級客戶，成長動能自然源源不絕。前述的碳纖維廠拓凱也是，以球拍應用起家，陸續擴大至安全帽、自行車與高端的航太、醫療等應用，營運風險自然分散，並參與高毛利產業的成長。

♦ 客戶集中 vs 客戶多樣

這個議題以前我也討論過，結論是：過於集中絕對不是好事，例如單一客戶超過七成甚至八成。過於分散到前十大客戶還佔不到二成，則要看產業趨勢，若產業成長性夠強且能見度高，分散也不礙事，反之則會有動能不明顯的疑慮。至於介於其間的集中度都可以接受，沒有什麼好壞之分。一般而言，明星產業個股較有客戶集中的現象，而長線成長股或所謂隱形冠軍客戶會相對多元。

幾年前我曾操作受惠於宏達電成長的通路商擎亞，在當時確實二者有極高的連動性，但在獲利出場後我就得到啟示，這椿投資其實長期風險是頗大的，宏達電佔擎亞營收高達八成以上，所以當市場再度看好擎亞時，我選擇觀望。同樣情況也發生在前面提到的指紋辨識 IC 廠，三星佔其比重也是八成，這回我是從它掛牌就看法保守，或許就是擎亞的經驗吧！罕見藥物代理商科懋曾痛失佔營收七成的單一藥物代理權，汽車售後市場水箱廠英瑞曾掉單佔營收三成的北美客戶，都使營運大受衝擊。

此外，有的企業不是客戶集中，而是一個銷售案的成敗影響業績過大，達成風險是很高的。經營體感劇院的智崴過去曾一年依靠三至四個專案成長，若有一個案子延後或生變，業績衝擊可想而知。類似的像一年只拍幾部戲、出幾根煙囪、出幾台設備等實例也都是一樣。

♦ 商業利潤模式

企業如何做生意的商業模式（Business Model），其實和企業如何賺到錢的利潤模式（Profit Model）概念很相似，無論是哪一個模式，我都關心二件事，其一是否具備獨到創新的模式？其二就算非獨到新創，是否容易被複製而激化競爭？前者是用來加分，後者則用來扣分。晟德是一家老藥廠，從口服液劑轉型至配方奶粉，並以生技工業銀行的控股模式，轉投資包括創投、新藥、醫材、益生菌等不同類型生技公司,已屬模式之創新。晟德旗下的新藥公司智擎，捨棄新藥開發耗時傷財的模式，轉而建立「不研發、只開發」（NRDO, No Research Develop Only）的自創模式，從而縮短開發時程與提升資金效率，快速取得藥證，並由授權產生可觀獲利。晟德的另一轉投資益安也不遑多讓，藉由強大研發能力與縝密產品成熟時程，將可商品化產品透過授權產生收益，而非傳統的醫材製造模式，有效集中資源運用。

至於模式容易被複製而日漸不利的例子，相近幾年陸續掛牌的電子商務公司，你發現無論你在平台上頭賣的是什麼商品，從食品到 3C 產品，從餐券到愛情，即使過去的網購龍頭都不得不低頭，充分呼應我所說的模式差異化與新創的重要性。

♦ 二代接班或專業接班

接班是很重要且嚴肅的議題，事關企業能否承續根基，進一步得以青出於藍而更勝於藍。台積電過去太依恃精神領袖

張忠謀，導致接班拖延甚久，遲遲無法交棒，幸好總算找到專業接班的解答。大立光則是二代接班的最佳典範，有計畫性地循序漸進，因為歷練加上年輕人的活力與視野，現任董事長確實將大立光帶往更高的境界。然而據權威媒體調查，台股上市櫃公司有高達七成是家族企業，只有9％做好交棒計劃，卻有27.3％未來恐有接班危機。想想許多第一代創業家已屆耳順甚至從心所欲之年，無論交給二代或專業經營，若未交棒或先規劃好，總是營運或股權的潛在風險。

　　實務上我對已是二代掌權的企業，在選股時特別有好印象，理由是二代相對具有開創性與企圖心。除了前面提過的花仙子，其他像是碳纖維廠拓凱與羽絨廠光隆也都在二代接班後，有更大動作的佈局，圖14是光隆的股價走勢。

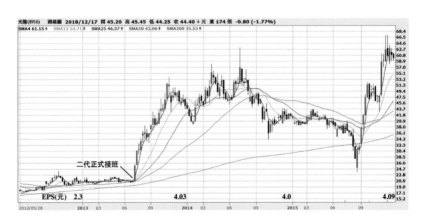

圖 14. 光隆股價走勢

◆ 檯面上最佳選擇或沒有選擇

Top-down 成長型投資選股有時會面臨一種抉擇,即產業趨勢非常明確的好,但在往下展開時找不到令人驚艷或至少滿意的個股,因為很可能受惠最大的股票不在檯面上,例如還未掛牌或者是國外的公司,這時你可以退而求其次,勉強選檯面上可以選到的最佳選擇,或者乾脆不選擇。例如當電動車的興起與傳統車車用電子比重的提高,當時因為有漲價題材,市場一味吹捧 MOSFET 相關族群,我卻相對看好與電源相關的 IC 茂達,也許漲幅不一定大,但它是檯面上電源管理龍頭,也有投資 MOSFET 廠大中,本身業績穩健成長,事實證明 2018 年前三季 EPS 3.28 元,淨利 4.43 億元,年增率達 70.5%,表現算是優異。

萬一真的找不到夠格的好股票,我傾向將目光焦點轉向其他產業趨勢,而不必削足適履。當年指紋辨識開始內建在手機,並可望逐步拉升滲透率,在我研究過後,發現最受惠的都是外國公司,所以對此題材得到一個結論:「只聞便是」,後來的發展也相去不遠。

敏感度與判讀力

　　談過了成長型選股經驗，我想歸結一個關鍵點，很多波段漲幅不小的股票，你為何能掌握？或為何會錯過？我的答案就在敏感度與判讀力，大多數成功投資案例，在你接觸它與認知它的早期時刻已經註定這種判斷結果，特別是還沒人注意到的時候。這就像是鯊魚聞到血腥味的嗅覺，雖說是種投資的本能，但背後仍建立在經驗與知識，因此有幾個方向值得投資人去努力，包括過去操作經驗、產業知識的學習，還有假設到求證的快速推理能力。

　　過去操作經驗讓你作既視（Deja Vu）聯想，正向的聯想可以確認機會，而反向聯想則有助於過濾干擾。例如我在看一個新標的時，可能會覺得它的商業模式、股價位階型態、成長模式或其他方面，與之前的某檔或某些股票極為類似，這有助於對它後續發展的判斷。

　　產業知識的累積，讓你對於不同產業的趨勢發展有一定的邏輯依據，不致天馬行空的樂觀，錯失誤判的機會也降低，最重要是快速過濾，時間可以聚焦在有機會的產業與個股。

　　當我認為某產業或者某檔股票「似乎」有機會，而開始著手檢視時，必然會對未發生的事有所假設，以強化看好的理由，或者對已發生的事有所延伸解讀，無論何者，接下來的推理求證與歸納結論才是重點，邏輯對結論就相對正確。

　　在實務範例的篇章，你會看到我在這些方面的思維，企望

能給讀者一些啟發，真要談判讀力，或許等我未來專書來詳述吧！

長線成長選股方向

選股的方法談到這裡，恰巧台股從十月起跌，並失守萬點，結束長達十六個月的萬點行情，投資人包括我的學員，普遍對台股的未來不知所措。我在講座特別指出，面對動盪經濟環境的不確定性，投資的產業及個股選擇更為重要，必須趨勢夠強到可以看好個二至三年，才能耐得住景氣波動。我挑出的幾個產業也在此與讀者分享，分別是生技、工業物聯網、隱形冠軍與電動車。

生技有長期人口老化、藥物等技術的進步、資金對生技投資包含併購不減與各國對藥物審查的開放加速等驅動力，使生技股即便景氣波動仍衝擊有限，長期能見度高，剩下的只是選擇什麼樣的生技股，以及如何操作的問題。

工業物聯網包括工業 4.0 等發展是無法回逆的趨勢，引用研華董事長劉克振先生的看法，2019 年下半年到 2020 年將看到明顯成長，個人十分認同這觀點，也視之為電子產業中能見度最高者，隨著 5G 等基礎建設的逐步完備，恰可符合劉董預期的時間點。

隱形冠軍多半來自食衣住行等基本需求，原本就比較不受景氣波動影響，尤其個別產業中的佼佼者，過去已證明它們的經營卓越，若再加上產業趨勢正向，以及自身的擴張企圖心，確實可在未來二至三年維持成長動能不墜。

電動車的發展一直受到期待與矚目，它不會是爆發性成長，

但就是個長期替換趨勢，無關乎個別公司發展的好壞變化。除了政府角色積極外，車商無論傳統或新進的爭相投入，還有包括電池等技術的進步，未來仍會有頗高的能見度。

第三篇
成長型投資操作策略與實務

◆ 時機與價位

◆ 成長股之合理評價

◆ 買進、加碼與賣出

◆ 投資管理

◆ 技術面、籌碼面與市場提供的訊息

◆ 成長型投資的陷阱與風險管理

◆ 範例分享

前一篇已經解說了選股方法，本篇就進入實務操作策略。所謂「操作策略」包括幾個議題：什麼時機與什麼價位投資？目標報酬率設定抑或如何評價成長股？怎麼買？怎麼加碼？怎麼賣？追蹤企業各項變化以及風險管理等，往下都將一一說明，最後我會分享幾個實務範例。

時機與價位

投資的時機很重要，價位只是考量因素之一，但也視投資人的屬性而定，總括而言有下列幾種思考：

◆ 業績或題材發酵

最理想的操作是一買沒多久就漲，多半是「預料的事情」如期的發生，或者是被預期不久後將發生，而有買盤湧入的提前卡位，什麼預料的事情呢？回想前面談到的包括徵兆或訊號都是。例如下個月營收或下一季獲利將明顯成長，成長背後的推力是因，因就是那些徵兆，數字等訊號只是果，所以當你有把握度的預測到「因」，就是個好的提前切入點，事實上這個時機也是最健康的，以結果論投資效率也最高。

當然後知後覺者也可在業績公佈後，衡量股價是否已反映充分，以及未來是否更進一步地進入佳境，作為應不應該以略高一點的價格投資之依據。

◆ 股價有吸引力

與股價有關的投資時機，但問股價有沒有吸引力？所謂吸引力就是以現在的股價買進，有沒有理想的報酬空間？報酬空間的評價後面再談，惟股價算高還是低有相對與絕對之分。

「相對」高低是指用技術型態或者歷史經驗來看位階高低，技術型態務必請用周線甚至月線的時間單位來看，其一是否具有某種「底部型態」的確認，關於底部型態不在本書詳述，請自行參閱技術分析的書籍，但頭肩底是常見的一種型態，圖 15 是標準的底部型態。至於歷史經驗，指的是與個股過去的高低價位，或是大盤指數的位階比較，相對是高還是低。但這有個盲點，就是時空環境變化下個股的本質已改變，只有在個股基本趨勢仍穩健向上時，用歷史經驗比較才有意義。

　　「絕對」高低才是以當下到未來的成長性高低論斷股價，這也跟預期報酬空間有關，如果有空間，實務上我都以 20％為最低要求，就算股價不是相對低，也可以操作。

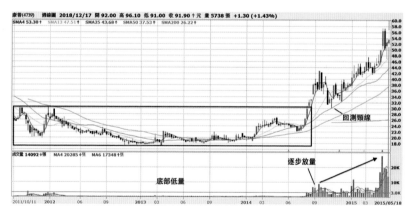

圖 15. 康普股價走勢

　　除了上述的底部型態股票，很多整理型態完成的股票會符合絕對低的條件，這技術分析的討論我也略過。還有一種絕對低的情況出現在波段跌深的股票，專家都告訴你：不要接往下

墜的刀子，我原則上同意，但「叔叔有練過」例外，如果你能界定下跌的原因屬短期或者一次性因素，或者造成下跌的賣壓賣出的理由偏向非理性，加以對未來趨勢看法正向，是可以酌量佈局。我很少認為跌很深、線型差的股票就不能買，只是就算看好趨勢的前提下，能買到更便宜價格更好，這是心態，也是技巧。

♦ 低檔特定買盤

　　我對一些市場關注的法人買賣會參考，但從不視之為該不該買的依據，理由是法人經常會犯錯，追高與殺低都是。法人（尤其投信）追求相對績效，所以對於強勢股，他們只會錦上添花更加追捧；反之，正在下跌的股票只會更用力賣得落井下石。我認為法人的買盤只有在股價低檔才有高度意義，只要是漲勢的中後段，法人隨時可能會反手賣出。

　　真正值得關注的買盤是股價低檔，沒有什麼媒體消息與法人報告，卻有特定券商持續買進，這種買盤既不過於拉高股價，像是在佈個什麼局，若是券商分點又跟公司有地緣關係就更可疑，這買盤多半會是來自大股東，或者很瞭解公司未來的有心人，這是真切的春江水暖鴨先知，即使沒有立即的行情，他日必有可為。投資人面對這種籌碼訊號，就該深入研究產業及企業未來趨勢，若得到正向答案，更加肯定這些買盤的動機，而可以考慮跟進，圖16是低檔買盤的案例。

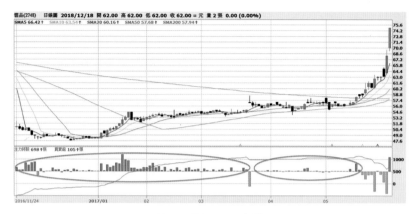

圖 16. 雲品股價走勢

♦ 法人錯殺

　　法人常會針對單一利空事件反映很激烈，真的利空當然賣出無可厚非，但有太多案例的驗證結果是錯殺，只能說法人解讀未必都是對的，如果投資人的判讀力比法人更高或更理性，他們賣出所創造出來的股價低點，就會是你的機會。法人錯殺案例不勝枚舉，圖 17 只是其中一個。

　　除了解讀偏差，法人之所以錯殺，很多來自制度與結構，其一因為追求相對績效，所以別的法人把股價賣下來，我一定要跟著賣。其二是停損機制，一般會訂 20％為上限，並嚴格執行，不帶情感。停損並非不對，可很多時候法人因為買在相對高檔，一旦短中期修正，很容易就達到停損條件，而個股的基

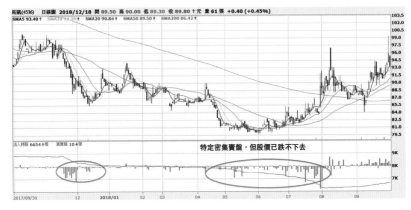

圖 17. 拓凱股價走勢

本面趨勢其實沒有多大變化，反而在法人停損後是個好買點，事實上有些主力會利用修正甩轎，將法人的籌碼洗出。其三在個股趨勢並無異常下，基金可能因為要應付贖回而賣股收回現金，這當然也是反指標。最後還有很多奇怪的理由，法人也要賣股，像常見換基金經理人會賣某些股票，政策上要減少持股檔數也會賣股，凡此種種，只要很確定賣壓無關乎基本面趨勢變化，是可以人棄我取之。

◆ 空手等待也是一種策略

　　既然談時機，總有過猶不及的問題，成長型投資進場時機太早不是大問題，最多就是等待而已，但有時間成本壓力者不適合，例如不是閒錢或是用融資買進，當然若遇到更好標的亦有取捨抉擇，過早佈局只擔心趨勢不會如預期發生，畢竟等待時間長一點，就可能有意料之外的變數。

時機過晚呢？常見到明明看好，可還未佈局就噴出，這時確實很煎熬，要追嗎？我認為就回歸前述的價位高低認知與下一段的評價問題，若有空間仍可考慮追買強勢股。我的經驗若時機無法精準判斷，先買一點部位是無妨，我們常說是為了防錯，尤其個股在低量的時候。

　　如果真的難以分辨眼前時機是否早晚恰當，選擇空手也是一種策略，但不是什麼事都不做，而是用功去觀察更多的訊號，一旦有答案再作決策。

成長股之合理評價

　　股價的評價本就不易，成長股又是最難，因為很多情境是前所未有，更何況實際成長幅度常會超乎預期及想像，就不必說股價了，但還是要評價，好讓心中有個譜，對所有交易動作與思維提供基礎。往下提出常見與可參考的評價方法：

◆ 股價淨值比

　　股價淨值比即股價是每股淨值的多少倍，這數值的範圍極廣，大立光股價 6 千元時股價淨值比超過 9 倍；反之雞蛋水餃股很多股價淨值比都不到 0.5 倍。投資人要知道淨值是衡量股價與一個企業價值的最後防線，不到最後關頭，不輕易拿來使用，尤其成長股更不該用。只有一種最糟的情況可用股價淨值比來評價成長股股價的下限，就是出現系統性風險時，台積電在金融海嘯時股價淨值比跌到 2 倍，這對長期成長股而言已屬極低的水準。當然個股跟自己股價淨值比的歷史水準比較也可以，只是應該再加入對成長幅度預期的因素，幅度越高，自然合理的股價淨值比也越高。

◆ 本益比

　　本益比是最常用來衡量股價合理性，只是盲點不少。合理股價等於每股獲利乘上本益比，但每股獲利如何算出？以何為

準？參考已實現的每股獲利完全不具意義，因為成長股看的是未來而非過去。未實現的每股獲利則完全是預測，預測就會有假設基礎，假設的合理與否即決定每股獲利後來的準確性，所以如何估、誰估的就有差別，實務上我會估一個保守可達成的未來獲利數字，同時估一個樂觀最大的版本，至於設定本益比不是不能做，但要靠經驗值，實務上我建議先訂保守一點的水準，即得出可能的合理目標價，然後再配合其他要件一步一步觀察適度修正。

本益比還有幾個變動性，像是不同產業、不同大盤位階、不同成長性等等。成長性下段再說，不同產業本益比天差地遠，更是沒個準的，一般而言高成長產業給的高，但多高又是個考題，除了經驗，就得綜合後面的很多標準去評價。大盤位階高時，個股給的本益比會較高；相反的，空頭市場的保守氣氛會降低本益比評價。

♦ 本益成長比

只用傳統本益比容易失真，主因在於沒考慮到成長性（或說成長速度），例如一家企業有二至三年都賺 2 至 3 元，第四年時跳升至 5 元，這時你推估股價給的本益比，自然不該與前幾年相同，這一點常為投資人忽略，以致於目標價設定較低而過早出場。

要克服這問題可採用本益成長比（PEG ratio），簡單的說，一家企業的本益比評價應跟隨其獲利成長率同步調升，所以原

本給 12 倍本益比的股票，若有個五成獲利成長，可以給到 18 倍本益比。它的公式為：

本益成長比 ＝ 目前股價 / 每股獲利 / 獲利成長率

例如去年每股賺 3 元，股價 36 元，如果預期獲利將成長五成，則 PEG 為 36/3/50 = 0.24，成長股 PEG 經常會低於 0.3，若以最基本 PEG 該有 0.3 倒推，則合理股價至少應為 0.3×50×3 = 45 元。改用 18 倍本益比乘上 3 元的 1.5 倍，最高股價將達 81 元，對成長股不是不可能。2009 年七月我曾在 33 元左右買進股王宏達電的供應商擎亞，當時雖然已漲過一大段，但經評估認為尚有空間，目標價該如何抓呢？我就是套用 0.3 的 PEG 模式，2009 年 EPS 為 1.88 元，預測 2010 年 EPS 可達 4.2 元，成長 123％，所以 0.3×123×1.88 = 69.37 元，於是我在 70 元附近開始往上賣出，股價最高來到 72.7 元，圖 18 是擎亞當時的股價走勢。

本益成長比的運用，強調一個成長紅利的概念，可以就此先抓個譜，然後依情勢加以微調，對成長股來說，已經比純粹用本益比更接近事實。

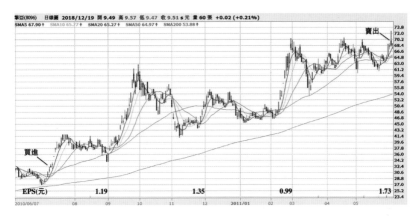

圖 18. 擎亞股價走勢

♦ 技術型態

　　技術型態除了可以輔助提供買賣點的訊號外，在預測目標價也能提供參考。最常見的情況是，無論你從底部型態或中段整理型態找到好的切入點，簡單地推論股價的滿足點應等幅於底部到頸線的價差，或是整理型態例如三角收斂的高低點之等幅價差。不過前提是型態必須夠完整與確定，同時這個推估的滿足點不一定會來，實際的高點也很可能超過不少，有賴於其他方法的共同驗證，若結論一致則可強化參考性。

　　除了型態可參考外，長線的前高甚至歷史高點都可能是挑戰的目標，例如我常說一家公司如果獲利創歷史新高，股價就有創歷史新高的潛力，或有其參考意義。

◆ 參考目標評價

　　人比人會氣死人，股票評價的高低經常沒一個標準，但如果一定要找個對照組來評價股票，就一定要有參考意義的對象才行，怎樣才有參考意義呢？至少要是同類股，經常類股的龍頭會被作為標竿，同族群即使無法給予一致的本益比評價，至少也不該差太遠，例如龍頭給 20 倍，同類的成長股起碼也該給個 15 倍吧！

　　對於近期找不到適當的對照組，不妨可從歷史經驗去找同類股，或是相近成長軌跡股的最高本益比能給到多少，作為參考。我在 2013 年曾投資從事半導體 IP 開發授權的力旺，當時因打入蘋果供應鏈的 IP 授權，預期可從 2012 年的每股獲利 2.17 元，成長至 3.5 元以上，2014 年更將成長到超過 5 元，是個標準型成長模式。然而我只以一般 IC 設計股的標準抓個 25 倍左右本益比，以致當股價接近目標又爆出大量時被洗出場，那一波足足漲到接近 500 元。想想自己明明看對趨勢，卻錯失更大波段報酬，恐怕比沒買還扼腕吧！我想找出哪裡誤判的答案，於是我挑出同性質的創意與智原，甚至國外的安謀（ARM），查它們獲利最好那一年的本益比，答案是都超過 60 倍本益比，至此我才恍然大悟，若先有做此功課，而非以錯誤標準來衡量，至少我應該抱股到 5×60 = 300 元才賣出的，這真是一段深切的體會。

♦ 加分扣分條件

上述都是常用來評價股價目標的正規標準，但還有一些用以微調的加分扣分題，視個別情況調整。

首先是包含產業趨勢的業績能見度，不同成長型態能見度各異，標準型可能看到當前與下一年，十倍勝或至少可看個三年好景的股票，必然可以給較高的本益比，過去幾年我從不少傳產股或隱形冠軍股看到這點，電子股僅有少數龍頭如台積電與大立光，以及十倍勝的研華有這現象。

其次出貨給什麼客戶也有差，當智慧型手機興起當時，若是打進蘋果供應鏈跟打進大陸品牌廠，給的評價會有落差。又如航太或者汽車零組件產業，常會說打入的是一級（Tier 1）還是二級（Tier 2）供應商，難易度與訂單穩定性自然有別，一級供應鏈給的評價較高。

其他像應用別有差別，過去零組件或材料廠商，打進航太、醫療或是汽車應用客戶的評價較高，因為認證門檻相對高而訂單穩定度也高。還有些加分的要件，其實在選股章節已帶到，不僅該優先選具備這些要件的股票，評價上也有加分效果。

有加分就一定也有扣分情況，此時評價必然適度下調，下調的部分就是風險因素。例如淡旺季過於明顯的企業，或因產業慣性與氣候因素使然，有些極端個案甚至靠一季的獲利支撐全年，工程設備等的集中入帳也類似。

如果業績成長相當程度來自非競爭力提升，像是漲價、補貼或業外收益，同樣無法視同一般評價。最後前面提過的客戶

過於集中、產品線單薄、商業模式門檻低等等，也是該扣分的
條件。

買進、加碼與賣出

◆ 買進

這裡談的是已經確認要買進某檔成長股情況下，如何擬定買進策略。

如果股價已處在型態上的動態平衡，如前所述的底部型態或整理型態確立，那個突破點就是你該出手的第一個價位，但不建議一次買到位，實務上我常至少會分三批買進，即突破點、回測點與再出量攻擊點。有的專家說要等回測，例如頸線量縮確立才開始買，但我反問若不回測呢？分三批的好處是可以視其發展而彈性因應，這是種標準買進法。

如果未達動態平衡，例如還在下跌或漲勢未歇，這就考驗智慧了，我只能說在持續跌勢中，你認為價位其實夠便宜，合理分析也支持未來趨勢，我認為是可以在稍見止跌就先買進一筆基本持股，數量可以比三批之一更少，然後靜觀後續發展再出手。漲勢持續中的股票也類似，在有一定報酬空間假設下，等到它短線拉回，就先買進一筆也可行，其他的等之後再看。

我的經驗中真正讓我大賺的成長股通常都買得很從容，比較少是不買就來不及的情況，主要因為股價相對不在高檔，而且買在成長數字發酵之前，以及尚未爆出大量前，我只要訂好計畫的張數，然後分批執行。

♦ 加碼

　　承前面段落，若開始買進之後即下跌，無論是繼續原來的跌勢或是多頭反轉向下，這時都面臨一個問題，即我剩下計畫要買的部位該買嗎？若要買要怎麼買？我的原則是，除非很有把握是趨勢未改變的錯殺，否則我不會向下攤平；反之會先觀察一陣子，至少等股價落底向上，甚至漲過我的成本區再行加碼。

　　另一種情況是還未買足要買的部位，股價就發動攻勢，大部份的案例我會往上加碼，理由是股價提前如預期的發展，越買即使平均成本越高，但總獲利是增加的。對照之下，散戶常常向下攤平，以為平均成本下降，但只要跌勢未止，你的總損失可是越買越大。

♦ 停利

　　最後討論的議題是怎麼出場，市場常說：賣出是最大的學問，是的！無論停利或停損都是，坦白說這沒有一定的答案，只有一些準則視投資人的預期以及風險偏好而定。

　　停利的先決要件有幾個，其一當初主觀設定的目標價到了，這時該不該嚴格執行往往會陷入天人交戰，賣掉結果繼續漲，內心一定不開心，不賣萬一跌下來，肯定萬般懊悔。遇到猶豫時，我建議除了再檢視基本面是否有優於預期的發展外，務必搭配技術型態與籌碼綜合研判，若還是沒把握，與分批買進相似，至少先賣出一部份，例如三分之一，再設定更高的目標價，

往上分批出場。

　　其二股價未達設定的目標前就出現明顯轉弱，同樣可以依上述原則先賣出一部份，再觀察是否再度轉強，轉強再重新設定目標價。當然無論目標價到位與否，只要證據顯示基本面趨勢已改變，即使少賺點仍建議先撤離為上策。我的經驗中真的成長飆股都會漲到難以想像，所以如果股價脫離成本區有一大段，反而不要預設立場、寬以停利，直到出現敗相，敗相同時包括基本面、技術型態與籌碼面。

◆ 停損

　　停損永遠比停利更難，牽涉到人性、個人性格、風險偏好、機會成本與資金的時間成本等等，是一個複雜的心理工程。人性要承認錯誤或實現虧損是有心理障礙的，而不少人個性容易優柔寡斷，或是鄉愿樂觀，我必須說這些都不該是抗拒停損的理由，停損就是當斷則斷！只是仍會跟投資人的風險偏好有關，有的人訂 10%，有的人訂 20%，沒有合不合理的問題，只是讓自己有個紀律遵循，特別對產業趨勢等基本面不是這般瞭解的人，退出後可以再冷靜思考反饋。停損不一定代表不賣會損失更多，有時是為了換到更有機會的股票，這就是機會成本。每個人資金的時間成本不同，也影響停損的急迫性，當然如果不是閒錢甚至用融資買的，更該嚴格執行。

　　我給停損的最大理由是基本面趨勢不如預期的變化，其他像是線型轉弱、籌碼變亂、市場與媒體看法等等也會參考，但

都不會絕對影響我。這樣說不是要貶抑其他理由，後頭會再談它們的貢獻，試問巴菲特會看線型籌碼或是哪個外資的分析而決定賣股票嗎？他看的就是企業的穩定甚至成長的獲利預期與配股能力，當次要因素不利時，說不定還是他的加碼點呢！這點我們不一定能學，他口袋深又有耐性，這二點我們可都沒有，但可以學習他對基本面趨勢的堅持，特別是成長股，自然就更強烈依恃成長趨勢的觀察，這是投資人最需要加強的投資管理課題。前面我舉過三年報酬率超過一倍的成長股，過程中股價波動可謂劇烈，但只要基本面趨勢沒變，就算沒有在其他因素不利時出場，拉長時間看，結局還是好的。

投資管理

　　股票絕非買了就不管，夢想有朝一日讓你發財，事實上投資管理很重要而最為投資人輕忽，除了買進、加碼與賣出，中間有許多事該要做。成長型投資不會短進短出，但如果做得到，每天還是要看一下股價、技術型態、籌碼、訊息、研究報告等等之變化，沒時間至少一周也要做一次追蹤。股價不僅看開盤、收盤、高低價，也看大量區。技術型態主要看有無創近期新高或新低、是否突破壓力或跌破支撐？如果已有底部型態或整理型態甚至頭部型態，則看是否已完成？未完成的話，看還缺什麼條件？或還要多久可能完成？也看重要均線是否上揚？如果沒有，看現在扣抵的位置，預判還要多久會翻揚？其他像型態的等幅測量是否完成等等。

　　籌碼觀察主要在法人單日買賣超與買賣超的趨勢，其他包括進出券商分點，這功能已有很多看盤軟體提供，可以追蹤單一分點累計的買賣張數，還有融資融券稍微看一下有無異樣，主要是與股價變動的關係，我以前說過只有股價跌勢的融資增加要小心，否則融資增加沒有危險，而融券不必寄望什麼軋空，成長股很少來這一套。近年來鉅額交易會在每日交易所及櫃買中心網站公告，稍微看一下有沒有你的持股，大股東股票申讓、股票質押借款或解除質押也相同，留意有沒有你的持股。

　　對成長型投資最重要的在營收及財報的公佈，營收規定在每個月 10 日前公告，早一點跟拖到最後一天公佈都無所謂，但

每月要有一致性，否則過往都在 5 日左右公告，某月若到 9 日還看不到就要小心，通常是不如預期的才會延後。營收數字的解讀以及營收組成的變化有必要研究，成長性是否如你自己與市場的預期？是否朝更好的組合發展？若是不如預期，原因可能為何？下個月、下一季展望如何？

少數公司會在每月公佈營收的晚幾天公告自結獲利，也應該要有一致性。多數公司都是依規定時限或提前公佈財報，只要有一致性都可理解，忽快忽慢就有因數字好壞而操弄之嫌。財報必要逐項檢視其前後期與去年同期之變化，遇有增減幅度較明顯時，務必設法弄清楚緣由，是否能接受理由？是否要修正對公司的基本面趨勢看法？

關於你這檔持股的媒體報導或是法人報告，也要留意是否提供某種訊號，判斷方法下一節再說。

上述的追蹤觀察若無異常，只當作是一種記錄，惟一旦有異，必要見可疑追查到底，再三確認基本面趨勢，因為很可能就是某個徵兆，導致後續股價的反轉，而往往可能已經發生你不知道的變化最後用情緒管理與心理建設作結尾。我認為最高段而成功的投資都是輕鬆寫意的，因為中心思想是在你縝密再三的反覆檢視後，相信基本面與相信趨勢，然後胸有成竹，做到臨危不亂、當斷則斷。焦慮與壓力就凸顯你的認識不清與準備不足，很容易做出錯誤決策。例如套牢時恐慌嗎？我的經驗中也不少起初套牢，最終卻大賺的例子，所以套牢是一門藝術，其他買賣等等的心理都是，我的結語是：無論你做了什麼投資決定，都該讓自己處在放心的狀態，否則就想辦法調整它。

成長型投資的成功有幾項心理建設必須具備，不足者補強之。首要是冒險與好奇心，樂於挖掘各式機會，善於觀察，勇於假設，並能用功求證，才得享天道酬勤的善果。其次是不從眾的擇善固執，因為比別人付出更多研究，自然對所得到的判讀有信心，不會輕易動搖。最後耐心是重要的美德，不為一季一年或其他時限壓力所束縛，相對高的報酬隨之而來，才是成長型投資的最高境界。

技術面、籌碼面與
市場提供的訊息

◆ 技術面

　　成長型投資趨勢從不侷限於短期，相關的技術分析一定要用周或月線來看型態，才清楚長期股價趨勢可能怎麼走，有時日線看起來漲很多，周月線看卻是長線低檔，或者日線顯現走弱跌勢，但周月線卻透露仍處底部型態，或僅屬中段拉回整理。股價位階也相同，12 元漲到 20 元的股票你會嫌貴，但拿月線來看，才發現它可是從 100 元左右歷經幾年跌到 10 元以下，當然還算是在長線的低位階。

　　均線的判讀至少應以 50 日均線或 200 日均線來看，而不必太在意短期的均線，用到 50 周均線及 200 周均線也未嘗不可。如果運用葛蘭碧均線法則來判斷買賣時機，自然至少是抓 50 日均線為基準。

　　常用的技術指標，例如 KD 指標，也是看周或月 KD 才有趨勢準確性，因為日 KD 往往很快就到超賣區，容易誤導你自我設限，其實但看周月 KD 往往卻還在上升中途或 50 以下，你可以找出不少波段強勢股甚且漲到周或月 KD 都鈍化，波段漲幅都以倍計，沒認知這點，過早下車就不意外。

◆ 籌碼面

　　籌碼面判斷首要之務是看清誰是莊家，成長股很少由傳統主力主導，可能會有中實大戶長期買進持有，我認為也不必像極端籌碼派整日追著這些大戶的動作而反應，只需留意有無異常，畢竟以我的瞭解，他們也常會判斷錯、做錯。真正知道波段趨勢的是大股東，所以他們的動向最具參考性，尤其無消無息的股價低檔時，若見集中連續買盤，分點又恰與公司有地緣關係就更可疑，請好好研究他們的可能心態，我只能說沈寂良久的公司若非有業績的轉變，或是十年磨一劍有成，大股東鮮少會大買股票，除非有董監改選例外，所以隱忍多年後，逮到機會大幹一場就屬合理。有時市場看壞的個股，只有大股東知道自家的價值與未來性，所以敢逆勢在低檔護盤，日後最終證明他是對的，圖 19 是其中一個例子。

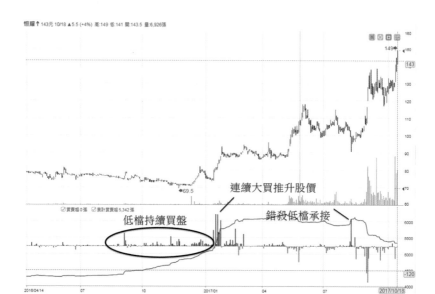

圖 19. 恒耀特定券商分點買賣超

　　不論是投信與外資，誰買誰賣投資人都會追蹤，也應該要做，這裡我要談一下解讀的問題。首要是買賣超不看一二日而看趨勢，連續的買賣超才代表一定的方向，有時忽買忽賣可能是不同機構的對做。其次買賣在股價的哪個位階有差，越低檔的買盤越有參考意義，即使只是小量的買，只要有持續性，已具指標性；反之若相對高檔的大舉買進，要提高戒心，多為被動式加碼，容後與股價一併討論。再者投信與外資有別，投信常見集中火力、錦上添花，然而因為押很大，易受短期因素多空轉向，惟事後再評斷則錯殺居多，所以投信的動向重勢。反觀外資較能細水長流式的佈局，重視長線個股的質，以成長型投資論，外資的參考性高過投信。或許刻板印象者認為外資只

著墨大型權值股，其實中小型成長股也漸獲青睞。最後法人買賣後股價的走勢才是重點，理論上小買小漲，大買則大漲；反之亦成立。可是若買賣後股價走勢反向就別有玄機了，最可能的是有更大影響股價的人在背後，這就回到上一段，必然是大股東所為，至於心態就不難猜測，大股東一手有股票，也有些資金，重點是最了解公司未來，法人與其過招，長期當然討不到便宜。所以這段的結論是：長期而言，投資人應選擇跟大股東站在同一邊。

還有幾個籌碼面觀察點，像是買賣家數，趨勢上就是買家數越少、賣家數越多偏向正向，代表籌碼趨於集中，散戶的股票被大戶接走。量能變化可同時表達技術面與籌碼面的意涵，我的經驗是不必侷限價量的配合或背離，因為漲時量縮可能是惜售，跌時出量也可能是賣壓的竭盡，一切仍以最後價格走勢來論斷。此外所謂量的大小重在相對量，而不見得是絕對量，才不致抱殘守缺。

還有一項指標就是鉅額交易，特別是那些在相對低檔、股權相當集中，而原本都沒什麼量的股票，突然有鉅額交易，即使發生後股價沒有立即上漲，都要以正面解讀。我認為股權過於集中的股票，會讓有興趣買進的人卻步，想買卻買不到買不夠，鉅額交易便可能是大股東將小部份持股轉給特定人居多，特定人有了基本持股，往往才會去拉抬股價。若是在報稅時節的鉅額交易，則較常是個人轉給投資公司的避稅做法。

最後一項籌碼是關於大股東（含團隊）的申讓、增持、質借與解質之解讀，公開申讓要以股價高低與對象來論定多空。高

檔轉讓必然是利空，低檔轉讓可用鉅額交易的正向觀點視之，公開轉讓與單純鉅額交易不同在於交易對象的公開，有時轉給如外資機構是正面，轉給大股東自己的投資公司多為避稅，甚至自身有財務需求也無可厚非。增持自家股票毫無疑問有正面意義，但常常是宣誓效果較大，真要看好，默默加碼就可，公開就是買給市場看，提振投資人信心。質借與解質倒很難論多空，我看過有公司派用不能賣的股票質借以取得資金後，用以拉抬自家股票，但不是多數質借都如此，還是財務需求居多，若是質借後發現股價會漲，才是拉抬目的，如此則一旦解質還錢，就代表已經賣股結束行情了。

◆ 市場風向

買賣股票多少要關心法人看法與媒體訊息，無論正面或負面，但心態上要認知「假作真時真亦假，無為有處有還無」，法人說的看好看壞與做的實際買賣動作有無邏輯，心口如一還是口是心非？觀察媒體釋放訊息的時機與股價的相對位階，便知是忠實的專業報導，還是錦上添花與落井下石式的居心叵測？公司派的發言或是法說所言的樂觀或保守看法也一樣。

投資人因資訊不足，容易相信他所接觸到的多空訊息，而引致錯誤判斷，無論是訊息來源的信用、真實性抑或帶風向的目的以及對投資思維的意義等等，這是判讀力的問題，不在此討論，可參考《基本面投資術》財經資訊解讀專章。

成長型投資的陷阱與
風險管理

　　成長型投資真是賺大賠小，如此美好嗎？報酬與風險實是
一刀兩刃，二者就住在隔鄰，只能說更要多下功夫以降低風險。
最大風險就是成長趨勢的誤判，包含對平平的成長性過於樂觀，
或者對重要成長趨勢視若無睹。我個人以及我認識的投資界朋
友，即使是產業分析專家，都曾太相信自己所認知的基本面，
而最終在個股上投資失利。

　　我認為一開始的假設很重要，假設對了，推理才有意義。
其次趨勢的解讀與判斷儘可能透過多方求證做到客觀，而非一
廂情願的樂觀。忽略其它訊號的存在與重要性也是通病，所以
必要增強對非基本面訊息的判讀，尤其遇產業變化時之應變，
無論突發利多還是利空，應克服人性心理，務實以對。下頁圖
20 這檔股票曾因產業趨勢而起，但也因終端需求不如預期而崩
落。

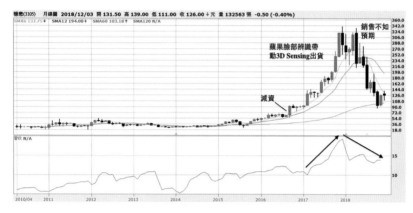

圖 20. 穩懋股價走勢

　　成長型投資有早期發掘的低持股成本紅利，但時間的掌握也是學問，等待沒什麼不對，可是不能沒有期限，趨勢「日久生變」跟股價「久盤必跌」其實相似，超過期待的時間太多就應思考是否放棄，尤其股價表現落差明顯時。此外時間期望必須與操作面搭配，看多長的趨勢就操作多長，切忌看長卻做短，或是把成長股抱成價值股，套牢後又寄望是高殖利率股，這些都不正確。

　　成長股會失誤不意外，但不可因一二檔操作失利傷及元氣，所以前提是持股比重的管理，我向來告誡投資人絕勿重押單一個股，即便它的趨勢你再怎麼看好，畢竟天有不測風雲，況且機會隨時到處都是，何須自我曝險，這可是我在早年曾繳過昂貴學費的經驗談。基本面選股與操作都正確，惟加強輔助判斷工具有其必要，這點我也跟諸多基本派投資者有所不同，無論前面提過的技術面與籌碼面等都要多加學習精進，當各種面向

的答案都趨於一致，結果就會對了，往後的範例分享便瞭解這點。

　　成長股有個降低風險的不變法則，就是越早發掘個股的成長訊號，瞭解趨勢越深入，買在相對更低的成本，也就是越沒有人注意到的時候，盡可能做到這點。只要脫離成本區這一段，過程中無論怎麼變化，你已有充足的價格緩衝空間去應對。當然這就是功力，也是投資人的必要修煉。

　　最後套用政令宣導的話：投資一定有風險。，過去的績效與經驗不一定代表一帆風順，得意時切勿忘形，以平常心淡然處之，況且人無遠慮，必有近憂，風險意識一定要有，並能時時檢討，做最好的準備與最壞的打算。

範例分享

◆ 恒耀（8349）

產業趨勢：扣件又稱緊固件，是汽車不可或缺的零件，一輛傳統汽車用量多達近 3 千個扣件，且因安全要求，良率必須達 100％。過往汽車扣件產業屬於疏鬆寡佔，惟近幾年已呈現大者恆大的局面，同時要求產品線的完整性。電動車的興起使汽車扣件產業重新洗牌，平均用量更勝傳統汽車，另一方面也更要求輕量化，例如採用鋁扣件。

企業競爭力：恒耀自合併蘇州廠與廈門廠後，全球產銷佈局漸趨完整，再併購德國廠 Eska，取得全球唯二鋁扣件生產技術，更加在地化供應歐美中三市場，而鋁扣件為輕量化的重點，無論傳統汽車或電動車，使恒耀擁有極佳的競爭力。

成長訊號：恒耀的成長訊號包括透過併購，切入鋁扣件產品，替代傳統扣件，使高毛利產品比重揚升，同時打入 Tesla 策略客戶供應鏈，並有助擴大電動車之應用。

恒耀在 2016 年十一月出現營收跳升，且第四季可望季增明顯，同時單季獲利也隨之跳升。

綜合判讀力：恒耀的佈局皆為產業趨勢所向，尤其看好它鋁扣件在輕量化的發揮，生產規模優勢與在地化供應，更

易獲得電動車廠青睞。而公司為持續擴張所發行的 CB，轉換價在百元之上，若企業有成長之轉機，合理股價長期將會漲過轉換價，使 CB 持有者順利轉換。

操作實績：早在 2016 年五月，股價低迷且成交量極度萎縮時，因認同趨勢，又發現如圖 16 所示的低檔持續買盤，於是先佈建了部分多單，2017 年元月開始出貨 Tesla 訊息傳開，股價突破均線上漲時加碼，八月公佈季報，法人因對毛利率錯誤解讀而賣股，逢低又再加碼，一路抱到接近 140 元爆量時出場，圖 21 為恒耀當時的股價走勢。

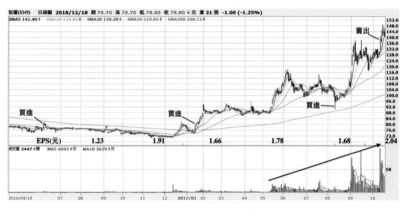

圖 21. 恒耀股價走勢

◆ 鈺邦（6449）

產業趨勢：2016 年中拜訪過一至二家被動元件公司，我從過往對產業的瞭解及後續變化，得出二個重要產業趨勢結論：應用面更廣以及產業次序轉好。以鈺邦生產的固態電容為例，早年以主機板應用為主，而後擴及筆電、電源、網通、近年受重視的快速充電以及正在崛起的高速運算等應用。供給面部分，近年則陸續有日商 Rubycon 與台商斐成投資的松木高分子退出市場，而原先大張旗鼓要投入的傳統鋁質電容廠如金山電與立隆電尚未成氣候，因此我對專業廠的機會樂觀看待。

企業競爭力：鈺邦為國內第一大固態電容廠商，捲繞型高分子固態電容（V-chip）與日商佳美工並列為全球第一大，晶片型固態高分子電容則僅次於日商 Panasonic，兩型產品全球市佔率分別約 25％、10％。鈺邦幾年內成功降低對電腦相關應用的依賴，產品應用面大開，且陸續滲透新應用。

成長訊號：鈺邦本就有華碩這個富爸爸，由主機板打好基礎；固態電容有安全性優勢，替代電解電容也是趨勢；產品新應用增多，且不乏明星產業應用；競爭者退出，有轉單效應；擴充產能增添成長力道；發行 CB 籌資。鈺邦 2016 年第二季繳出 0.73 元的成績，五六月營收年增率超過 20％，至九月旺季，營收更年增超過 30％，第四季衝出單季 1 元以上獲利，全年 2.9 元，儘管每季仍有匯率等因素干擾而起伏，但成長態勢已確立。

綜合判讀力：鈺邦處在產業應用增廣以及競爭次序有利情況下，各方拓展訂單亦支持不錯的成長動能，而股價位階位於長期偏低檔，成交量很小顯示尚未被市場發掘，法人更無著墨，媒體報導與研究報告也闕如，本益比低加上成長性，股價必有一定空間。

操作實績：2016 年七月第一次拜訪公司，恰逢當日出量漲停收盤，型態上亦突破盤局，因為評價極為正面，咸認股價偏低，於是在其後兩度接近 30 元時佈局，一直抱到 2017 年第四季時，判斷第四季獲利不再創高，在 48 元以上出場。後來公佈第四季確實也較第三季差，孰料受惠挖礦機題材，同時急單帶動業績，又因被動元件族群漲價題材帶動，最高衝到 82.4 元。事過境遷，本書完稿時，股價已跌破 30 元，圖 22 為鈺邦當時的股價走勢。

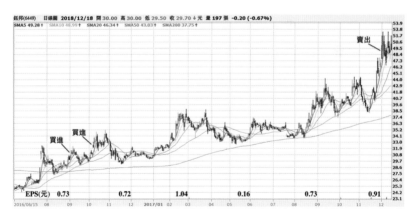

圖 22. 鈺邦股價走勢

♦ 大量（3167）

產業趨勢：2017 年起明顯感受到企業資本支出隨景氣復甦而翻揚，從半導體、面板到 PCB 等產業都是。尤其蘋果新機採用類載板技術，刺激台 PCB 廠相隔幾年再出現設備「換機潮」的機會大增，我初始的想法是如此，加上四五月時相關設備股如牧德等均已大漲超過一倍，我便開始注意族群中的其他股票。

企業競爭力：大量產品以 PCB 成型機為主，還有鑽孔機等，成型機其為市佔領導廠商，客戶滲透率極廣，包括台廠及陸廠。由於具備軟體技術而掌握控制器自主能力，毛利率高達 28％，即使在之前景氣較差時，仍維持每年 2 元以上獲利。

成長訊號：大量最主要的成長訊號來自整個 PCB 產業的換機潮，尤其是台廠，而它因屬於主力生產機種，訂單湧至，接單能見度相當長。大量當年前四月營收年增率超過 40％，第一季毛利率衝至 30％，提升近 3％，營益率近 14％，更一口氣提升 5％，每股獲利雖僅 0.2 元，然若不計匯損，本業仍有近 0.8 元佳績，判斷全年高成長可期。

綜合判讀力：早在前三月的營收挺升時，就吸引到買盤介入，最高拉至 38.4 元。但第一季財報的匯損逼出法人的賣壓而下跌至起漲點，最低打到 30 元。我在拜訪後確認真是換機潮帶動，接單能見度看到第四季，全年獲利推測有倍增以上實力，錯殺絕對是機會，應逢低佈局。

操作實績：我於不再破低的 30 元以上開始建立持股，但它的成交量真的太小，講座中提到它，我都戲稱它雖叫大量卻沒有量，不易掛單與買進。事實上我慢慢買只有買到計畫的一半多部位。結果六月公佈營收年增一倍，股價直奔漲停，而逐漸爆出 6 千張以上「大量」，由於成交量「異常」，主管機關要求依規定公佈自結，六月單月獲利接近 8毛，股價再飆二根漲停，其後高點 50 沒站穩，拉回時我在 48 元附近出場，圖 23 為大量當時的股價走勢。

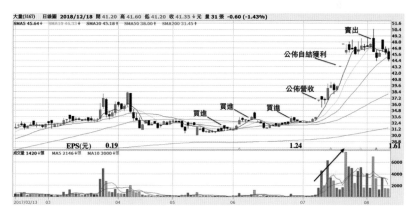

圖 23. 大量股價走勢

◆ 力山（1515）

產業趨勢：在一片景氣復甦聲中，我注意到運動健身這產業，在我的前一本著作《散戶語錄》，其實已談過 2016 年與力山的第一次接觸，並曾短暫操作獲利出場，理由是業績還出不來，然而我並不會因為結束一段操作，而就此放任它，覺得是檔長線的股票，所以持續追蹤以等待下一次機會。

企業競爭力：老牌手工具機廠十年磨一劍，力拼轉型至高毛利健身機，過程中雖有曲折，但逐漸獲商用健身機前幾大品牌下單，研發與產銷能力亦有所提升，大陸廠搬遷的費用提列導致轉型效益尚未顯現，但整機整合能力已打下堅實基礎，而新客戶的大訂單更值得期待，只待產能到位與生產順暢。

成長訊號：力山的成長訊號多且明顯，由手工具機切入健身機這有潛力新事業或新應用，產品獲 P 客戶認證通過，使高毛利產品比重升，又接獲此客戶下大量訂單，為進一步成長開啟序幕，2017 年獲利成長可期。

力山自轉型為市場敏感度高的法人，或像我這樣勤奮不懈的專業人士所注意到，偶有幾個月營收年增表現佳，然因遷廠調整、健身機瓶頸產能尚不足、良率未臻理想等因素，獲利數字出不來，但七月營收年增 50％，訊號相當明確，並逐月上升至十月，單季與全年獲利將創近年佳績。

綜合判讀力：自 2016 年底 P 客戶推出樣機，即深入研究其動向，新產品飛輪的雲端互動創新商業模式，獲得聖誕節

零售旺季之佳評。一路追蹤至五月，P客戶完成3百萬美元募資，判斷只要產能沒問題，它會在市場大幹一場。籌碼面自低檔以來長線買盤沒有鬆動，技術型態到六月形成均線糾結的待變訊號，健身機產能的到位，判斷七月訂單大量出貨將使業績發酵。

操作實績：在業績發酵之際，因有參酌籌碼與技術型態，判斷不久將展開漲勢，於是利用六月至七月初，在23元附近「買好買滿」部位，果然公佈營收後起漲，三個月即攻上55元而橫盤，因試賣了一小部份，發現買盤強勁，於是縮手，一直抱到65元，認已達樂觀獲利預估之高本益比，分批出場，圖24為力山當時的股價走勢。

2018年十一月初因追蹤到客戶新款跑步機將大量出貨，開啟另一波成長動能，而再度買進，這段故事日後有機會再分享。

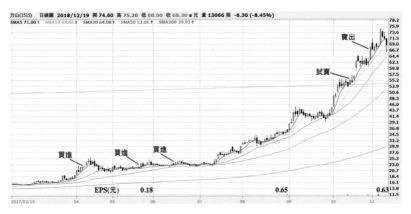

圖 24. 力山股價走勢

◆ 強信（4560）

產業趨勢：工業縫紉機是紡織成衣業的資本支出，加上快時尚的興起，對成衣產品上市速度要求加快，工業縫紉機往自動化與智能化的需求提升，簡言之，形成一股三至四年的「換機潮」。過往日本 Juki 居全球龍頭，但中國大陸杰克透過併購急起直追，因此內構件的裁切刀具市場也水漲船高。

企業競爭力：2017 年底一場簡報，無意間聽到強信這家公司的介紹，第一直覺它就是個「隱形冠軍」，它的產品刀具市佔滲透超過六成，全球主要工業縫紉機廠包括 Juki、杰克、高林股等等都是其客戶，競爭者規模均遠不及它，並已由刀具跨入高毛利的自動化裝置，比重逐步看升。

成長訊號：強信的成長訊號最主要來自工業縫紉機效能提升，帶動的換機潮，而它的高毛利自動化裝置產品比重看升，將明顯提升獲利性，加上發行 CB 籌資，我認為保守的企業要籌資必然有擴張需求，來年成長可期。

強信前十一月營收年增近二成，已展現較以往不同慣性。十二月與元月營收再創新高，足以驗證成長動能。以第四季的營收增幅推估，每股獲利有機會接近 1 元，是創新高的佳績。

綜合判讀力：第一時間就嗅出機會，著手深入研究，發現它的客戶 Juki 與杰克過去一段時間股價都大漲，顯然產業趨勢已開啟，反觀強信股價相對沒動。

而 CB 由外部人認購，經驗上判斷不至於壓股價去訂價，當下 48 元多應該就是個佈局點。

操作實績：我在元月初的 48.5 元左右開始買進，股價開始微幅啟動，一路買到 52 元。有二個判斷的關鍵時點提出來分享，二月六日台股大跌超過 5 百點，強信盤中一度跌停，但收盤留下 2 塊多元的下影線，已呈現相對的抗跌性。

其次農曆封關的當日，通常這類中小型股會有不抱股過年的賣壓，何況股災風暴才剛平息，結果短打的自營商果然淨賣超 117 張，但外資淨買超 358 張，以致上漲超過 3 元封關。前面提到的 CB 訂價證實為 50 元，也如預期未壓低股價。三月中長紅漲停來到 67 元，因自估全年獲利挑戰 5 元以上，判斷還有高點，果然再漲至 77 元以上，因爆量於是全數出場，圖 25 為強信當時的股價走勢。

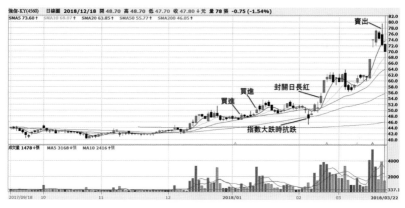

圖 25. 強信股價走勢

第四篇
成長型投資大師講股

- ◆ 菲利浦‧費雪（Philip Fisher）
- ◆ 吉姆‧史萊特（Jim Slater）
- ◆ 約翰‧聶夫（John Neff）
- ◆ 威廉‧歐尼爾（William O'Neil）
- ◆ 彼得‧林區（Peter Lynch）
- ◆ 馬克‧米奈爾維尼（Mark Minervini）

我自投入股市以來，總是不斷從前人的智慧中吸取養分，累積知識能量，尤其成長型投資的哲學更是。我認為有必要整理這些個重要經典給讀者，至少這個工作沒人做過，像是「成長型投資史」，這些大師國籍、學歷、經歷不同，投資哲學有共通亦有相異之處，除了帶大家認識投資大師的觀念與做法，供我等後輩學習，更將他們的選股精髓應用至台股，試圖挑出成長型潛力股。

菲利浦・費雪
（Philip Fisher）

♦ 大師簡歷

　　菲利浦・費雪（Philip A. Fisher）生於 1907 年，1928 年於就讀史丹福大學企業管理研究所一年後，投入證券業，並於 1931 年創立 Fisher & co.，從事證券顧問業務。1957 年出版《非常潛力股》（*Common Stocks and Uncommon Profits*）一書，被視為第一本有系統地介紹成長型投資之經典，他也被尊稱為「成長型股票的發掘者」。曾有知名作家稱：「巴菲特 85％受葛拉漢影響，其餘 15％則是費雪。」

♦ 投資哲學

　　費雪偏好「搶先進軍前景看好的新領域或經濟效益高的領域」之小型股，他認為：「五年或十年期內，成長型股票的資本增值幅度遠高於另一種股票。……一段合理時間內，因為公司不斷成長，股利報酬也有同樣不俗的演出。」

♦ 選股策略

　　費雪尋找優良普通股的十五個要點包括：

1. 這家公司的產品或服務有沒有充分的市場潛力，至少幾年內**營業額**能夠大幅成長？
2. 管理階層是不是決心繼續開發產品或製程，在目前富有吸引力的產品線成長潛力利用殆盡之際，進一步提高總銷售潛力？
3. 和公司的規模相比，這家公司的**研究發展**努力，有多大的效果？
4. 這家公司有沒有高人一等的銷售組織？
5. 這家公司的**利潤率**高不高？
6. 這家公司做了什麼事，以維持或改善利潤率？
7. 這家公司的勞資和人事關係是不是很好？
8. 這家公司的高階主管關係很好嗎？
9. 公司管理階層的深度夠嗎？
10. 這家公司的成本分析和會計記錄做得多好？
11. 是不是有其他的經營層面，尤其是本行業較為獨特的地方，投資人能夠得到重要的線索，曉得一家公司相對於競爭同業，可能多突出？
12. 這家公司有沒有**短期或長期的盈餘展望**？
13. 在可預見的將來，這家公司是否會因成長而必須發行股票，以取得足夠的資金，使得發行在外的股數增加，現有持股人的利益將因預期中的成長而大幅受損？
14. 管理階層是不是只向投資人報喜不報憂？諸事順暢時口沫橫飛；有問題或叫人失望事情發生時，則三緘其口？
15. 這家公司管理階層的誠信正直態度是否毋庸置疑？

◆ 經典代表作

費雪 1955 年開始買進 Motorola，當時主力產品還是收音機，隨著陸續跨入無線電、電視、半導體與手機產業，維持長時間的營運榮景，其後費雪曾創造二十年內獲得了 20 倍的報酬率，直至 2004 年過世才出脫股票。雖然抱股抱到死並不常見，但想想 Motorola 的高峰不正就在 2004 年左右，恐怕是天意的巧合吧！

◆ 台股模擬選股

費雪的十五個要點中大多數為非量化評估準則，比較像是我前面說的加分條件，可量化的包括第一、三、五及十二點，多半與獲利能力以及成長動能有關。我試著將其訂出選股準則如下：

1. 2018 年營收及 2019 年預估營收年成長率均大於 15%。
2. 2018 年前三季研發費用佔比均大於 2%。
3. 2018 年前三季毛利率及 2019 年預估毛利率均大於 20%。
4. 2018 年前三季本期淨利及 2019 年預估本期淨利年成長率均大於 20%。

依上述條件選出的個股，詳見附錄。

吉姆 · 史萊特
（Jim Slater）

♦ 大師簡歷

　　吉姆 · 史萊特（Jim Slater）生於 1929 年，1960 年取得會計師，1964 年創立史萊特渥克證券，1975 年受金融風暴影響而破產。沈潛多時，直至 1992 年出版《祖魯法則》（*The Zulu Principle*），並重入股市，

♦ 投資哲學

　　強調聚焦小型成長股，並提出本益成長比（PEG）的股價評價觀念，深得彼得 · 林區的推崇。

♦ 選股策略

　　以下就是祖魯法則中所談論的選股準則：

1. 過去五年裡，至少有四年**每股盈餘**持續成長。
2. 和成長率相比，**本益比**不高。
3. 董事長的聲明必須樂觀。
4. 強勁的**流動資產**與現金流量、低債務。

5. 公司有競爭優勢。

6. 有轉機或有題材。

7. 總市值低（**股本小**）。

8. **股價相對強度**高。

9. **股利率**不低。

10. 合理的資產部位。

11. **經營階層持股**比重高。

♦ 經典代表作

史萊特復出後，運用祖魯法則，投資 Black Leisure 公司，在 17 個月內股價由 50 英鎊上漲至 549 英鎊，獲利高達 10 倍。

♦ 台股模擬選股

史萊特的選股準則中，可以量化的有第一、二、四、七、八、九、十一項，其餘列為加分項目。史萊特講求的不僅是成長，還考慮企業的穩健經營體質。我參酌台股實際情況定出標準，分述如下

1. 今年與過去四年至少有四年盈餘成長。

2. 2018 年前三季本期淨利成長率大於 20%，本益比小於 15 倍，本益成長比小於 0.66。

3. 2018 年前三季速動比率大於 150%，淨現金流量大於 營業利益，負債比小於 50%。

4. 股本小於 30 億元。

5. 一年股價相對強弱度（RPS）大於 80。

6. 殖利率大於 3%。

7. 董監持股大於 20%。

依上述條件選出的個股，詳見附錄。

約翰・聶夫
(John Neff)

♦ 大師簡歷

　　約翰・聶夫生於 1931 年，俄亥俄州托雷多州立大學畢業，後進入克里夫蘭銀行擔任證券分析師，再於 1963 年進入威靈頓管理公司，管理先鋒溫莎基金長達二十四年，掌管超過百億美元資金，並創造 14.3%的年複合報酬率，直到 1998 年退休。

♦ 投資哲學

　　很多人以為聶夫偏價值型投資，實則不然！他算是「衡量式參與」（Measured Participation）投資者，也就是平衡投資。他會將組合分為：高知名度成長股、低知名度成長股、溫和成長股及週期性成長股，所以他骨子裡其實是成長型投資者。

♦ 選股策略

　　聶夫的投資組合以低知名度成長股佔比最高，也是我最推崇他獨到的部份。以下是低知名度成長股的選股準則：

　　1. 預估**成長率**為 12%到 20%。

2. **本益比** 6 到 9 倍。

3. 在成長領域中居於主宰或舉足輕重地位。

4. 容易瞭解的行業。

5. 歷史**盈餘成長紀錄**達二位數。

6. **股東權益報酬率**突出。

7. 資本雄厚，**純益**高，機構投資人會考慮投資。

8. 非必要，但最好開始被市場注意到。

9. 大多時候**殖利率**為 2%到 3.5%。

◆ 經典代表作

聶夫書中對其投資績效揭露甚多，他以波段持有，多能創造雙位數至三位數的利潤，其中提及多次操作 Tandy 相關股票，1976 年最高報酬率達 520%。

◆ 台股模擬選股

聶夫的選股準則屬中規中矩，大部份可以量化，惟最強調低本益比與競爭地位領先。我參酌台股實際情況訂出標準，分述如下

1. 預估成長率大於 15%。

2. 本益比小於 9 倍。

3. 歷史盈餘成長紀錄達二位數。

4. 股東權益報酬率大於 20%。

5. 純益率大於 10%。

6. 殖利率大於 3%

依上述條件選出的個股，詳見附錄。

威廉・歐尼爾
（William O'Neil）

♦ 大師簡歷

威廉・歐尼爾（William J. O'Neil）生於 1933 年，南方衛理公會大學商科學士，1958 年開始投資生涯，1963 年創立威廉・歐尼爾公司，1984 年辦了《投資人財經日報》（*Investor's Business Daily*），以及它的姊妹網站 Investors.com。經典著作《笑傲股市》（*How to Make Money in Stocks : A Winning System in Good Times or Bad*）已增訂從 1880 到 2009 年所有市場飆股的特性研究，可稱是成長型投資選股最早的大數據體現。

♦ 投資哲學

歐尼爾研究 1953 年開始至 1990 年間，美國表現最好的 500家上市公司，整理出其所具備的共同特性，發展出「CANSLIM」的投資哲學，兼顧基本面、技術面與籌碼面。

♦ 選股策略

歐尼爾的選股策略就是 CANSLIM 法則，拆解如下：

C（Current earning）：當期每股盈餘，或是成長率逐季上升。

A （Annual earning）：年度盈餘大成長。

N（New product……）：新產品、新管理階層，或股價創新高。

S（Small shares outstanding）：股本不大，流通在外股數少。

L （Leader of relative price strength）：相對強勢股。

I （Institutional sponsorship）：法人機構買盤。

M （Market direction）：市場多空方向。

◆ 經典代表作

我們只知道歐尼爾在早年曾運用 CANSLIM 法則，於 26 個月內大賺二十倍，但因他交易的股票太多，難以舉出其代表作。

◆ 台股模擬選股

歐尼爾的 CANSLIM 法則，不僅挑成長股，還要是有溫度的強勢股。我試著將其訂出選股準則如下：

1. 2018 年第三季本期淨利年成長率大於 20%。

2. 2018 年前三季本期淨利年成長率且 2019 年預估本期淨利年成長率皆大於 20%。

3. 股價創最近一季（一年）最高價。

4. 股本小於 30 億元。

5. 一年股價相對強弱度（RPS）大於 80。

6. 投信基金加外資持股比例大於 15%。

7. 指數站上 50 日均線，且 50 日均線上揚（非完全必要選項）。

除第七條僅列參考外，依上述條件選出的個股，詳見附錄。

彼得・林區
（Peter Lynch）

♦ 大師簡歷

彼得・林區（Peter Lynch）生於 1944 年，1968 年畢業於賓州大學華頓商學院，隔年即進入富達公司，1977 年掌管麥哲倫基金，至 1990 年始辭去基金經理人職務。十三年間，麥哲倫基金管理的資產由 2,000 萬美元成長至 140 億美元，基金投資人超過 100 萬人，成為富達的旗艦基金，基金的年平均複利報酬率達 29.2％。

♦ 投資哲學

綜觀林區的著作所談，他的投資哲學可以歸納為：偏好小型股，投資容易理解的產業，最好是從生活中找股票，投資法人沒有注意到的股票，而避開熱門產業中的熱門股票，但並不特別侷限於成長性，反倒是對不同類型股票，採取不同策略。

♦ 選股策略

從林區的著作中可列舉出他選股「在意」的條件如下：

1. 優先選擇**快速成長**股。

2. **盈餘成長率**加上**股利殖利率**除以**本益比**。

3. 有**隱含紅利**（現金及約當現金減去長期負債）。

4. 負債比率。

5. **股利**逐年提高者加分。

6. **轉投資**隱藏資產加分。

7. **股價除以每股自由現金流量**。

8. **存貨**增幅與**銷售**增幅比。

9. **本益比**。

10. **法人低持股**。

11. **內部人增持**股票加分。

12. **盈餘紀錄**穩定。

13. **每股現金淨值**高於股價。

◆ 經典代表作

克萊斯勒曾是林區操作麥哲倫基金時最重要的股票，它在五年內股價由 1 美元左右漲至 48 美元，其餘達成「十壘安打」以上的股票不勝枚舉。

◆ 台股模擬選股

我整理林區書中談及的「標準」，發現他屬於成長偏長線價值，同時偏好相對冷門股。我參酌台股實際情況，試著列出選

股準則如下：

1. 2017 年及 2018 年營收平均成長率超過 15%，且 2019 年預估本期淨利年成長率超過 15%。

2. 2018 年前三季本期淨利成長率加上股利殖利率除以本益比大於等於 2。

3. 隱含紅利（2018 年前三季現金及約當現金減去長期負債）大於 0。

4. 股價除以每股自由現金流量小於 10。

5. 2018 年前三季存貨增幅銷售增幅比小於 1。

6. 本益比小於 15。

7. 法人持股小於 5%。

8. 2017 年及 2018 年前三季本期淨利平均成長率超過 15%，且 2019 年預估本期淨利年成長率超過 15%。

9. 每股現金淨值高於股價。

依上述條件選出的個股，詳見附錄。

馬克・米奈爾維尼
（Mark Minervini）

◆ 大師簡歷

馬克・米奈爾維尼（Mark Minervini）生於 1965 年，15 歲即輟學，1983 年進入股市，前六年並不成功，發奮飽讀超過一千本投資書籍，經過反覆鑽研檢討才進入佳境。1997 年憑藉其自創的投資方法贏得全美投資冠軍，並在 1994 年至 2000 年之間創造 220%之年複合報酬率。

◆ 投資哲學

米奈爾維尼自創「特定點進場分析」（SEPA），包含五大要素：趨勢、基本面、催化事件、進場點及出場點。

◆ 選股策略

米奈爾維尼認為成長是一切飆股的根源，由其著作可整理出下列選股準則：

1. 最近一季**盈餘**顯著成長，且先前二三季也顯著成長。
2. **季盈餘成長**加速加分。
3. **營收**（加速）成長。

4. **年度盈餘**（加速）成長。

5. **營業利益率**提升。

6. **存貨**增幅不可超過**銷售**增幅。

7. **應收帳款**增幅不可超過**銷售**增幅。

◆ 經典代表作

米奈爾維尼在 1990 年 1 美元左右買進美國電力轉換公司（APCC）股票，隨後 50 個月內大漲了 4100％。

◆ 台股模擬選股

米奈爾維尼如其大作之名，要求的是「超級績效」，所以不能只是成長，還要成長加速，而風險是相對低的。我斟酌台股實際情況，調整選股條件如下：

1. 2018 年第三季本期淨利年成長率大於 20％，且連三季本期淨利年成長。

2. 2018 年營收年成長率大於 15％。

3. 2018 年前三季本期淨利年成長率大於 20％。

4. 2018 年前三季連三季營業淨利率提升，且 2018 年前三季營業淨利率年成長。

5. 2018 年前三季存貨增幅除以銷售增幅小於 1。

6. 2018 年前三季應收帳款增幅除以銷售增幅小於 1。

依上述條件選出的個股，詳見附錄。

談成長型投資
二十年之變革

筆者從首本著作《股海奇兵》起即揭櫫成長型投資之重要，並奉行至今為我的投資哲學，在這第五本作品，將其作了嚴謹完整的闡述。對我而言，是累積十二年的寫作經驗，以及二十年以上的操作生涯，某種程度的階段總結，卻也隱含了深切的感慨。

更早的不說，我見證過主機板廠華碩 1997 年四月的 890 元股價，而今面臨 200 元保衛戰；筆電廠廣達 1999 年六月的 850 元，而今 50 元不到；其他還有太陽能廠茂迪 2006 年四月的 985 元以及同族群益通 2006 年三月的 1205 元，而今卻是銅板價。古云「江山代有才人出，各領風騷數百年」，對產業趨勢來說，風騷恐怕不逾十年，是何等殘酷的現實！

產業當然不致一夕生變，朝如青絲暮成雪，有其漸進的趨勢質變，有的是偶然，更多的是必然，企業的營運績效也一樣。上述的前股王們，哪個不是產業噴發帶動業績，加上成長想像空間的催化，造就其史上高價。產業無常，企業也努力調整以

因應，像廣達 2011 年獲利再創 6 元佳績，已不高度依賴電腦，而是轉向雲端運算，卻無法取代衰退的舊業。華碩陸續推平板以及手機，奈何 2018 年第四季單季恐虧損。至於太陽能，自始我都對它的未來性高度存疑，我說過：沒有一個產業的成功會是建立在政府的長期補貼，而真正敗壞的癥結是轉換效率進步有限，南柯一夢的悲劇自是難逃，近期已出現首家債務重整廠商，裁員關廠聲不斷。

當然我也躬逢半導體的主升段，台積電於 2000 年二月就創下 222 元的高價，到十八年後的現在，獲利與股價還能創新高。幾代拳王與股王聯發科，早在 2002 年四月就創了 783 元天價，而今即便風華不若既往，股價還有 300 元以上。這兩個例子說明了縱然產業會變，但優質企業仍有可能藉由強固的競爭力，與對市場的判斷力以應變。

今日科技創新週期愈加縮短，於企業是經營風險的升高，於投資人當然也是投資風險，但另一方面也是投資機會的重新選擇。非常慶幸自己可以冷靜旁觀，做個沒有立場成見、沒有退場包袱的快樂投資人，但期許投資人也必要捐棄成見，不要食古不化於產業及投資趨勢的潮流，之所以將成長型態歸類，是便於讀者觀察類推，對脈絡可以輕易駕馭。爆發型成長已可遇不可求，更多的是階梯式與十倍勝成長型態，對應類股就是科技股亮點變少，而隱形冠軍一類則逐漸抬頭。

這幾年儘管股市看似欣欣向榮，但大環境結構的改變，外資掌控套利工具使大盤方向波動，法人競逐短線則助長熱門股波動，導致資訊及資金不對稱的散戶極度退縮，退縮至只求安

全，於是存股或價值型投資為市場大力鼓吹。雖然我也應媒體之邀寫過，並開講座談過價值型投資，但既然企業追求永續成長，我仍認為成長型投資才是王道，不需因外在情勢而改變。

最後成長型投資不預期一定會是飆股，但常會出飆股，即使不是飆股，也因有所本，會是你可以安心抱持的股票。由本書學會成長型投資的觀念、選股到操作，必然會在你的投資生涯增添許多成功美談，也是我所衷心企盼的目的。

大師精選五檔

以下運用嘉實資訊《操盤高手》軟體的選股大師功能，將各投資大師的選股條件盡可能符合，得到下列結果。在此必須先聲明，雖然選股條件大多已設定，但每一期（月或季）數據會變，同時未來的推估也不保證精準，因此所列個股僅供參考，不負責投資之盈虧。

投資大師	符合條件個股	精選五檔
菲利浦・費雪 （Philip Fisher）	川寶、和康生、上銀、光罩、矽統、三商電、偉詮電、志聖、德律、先進光、由田、嘉澤、西柏、牧德、明基醫、晟德、福裕、雙美、康控、祥碩、尚凡、佳邦、旭隼、益安、邑錡、雷虎、常埕、博大、振樺電、生展、森田、大江	志聖、由田、晟德、博大、生展
吉姆・史萊特 （Jim Slater）	台鹽、友通、固緯、興勤、瓦城、安碁、大中、光菱、鼎炫	台鹽、友通、瓦城、大中、鼎炫
約翰・聶夫 （John Neff）	新光鋼、海悅、興勤、鴻碩、台星科、友威科、康控、群益期	海悅、興勤、鴻碩、台星科、群益期
威廉・歐尼爾 （William O'Neil）	和康生、美時、漢唐、承啟、順達、新日興、由田、嘉澤、牧德、新鉅科、健策、旭富、麗豐、瑞基、佐登、VHQ、泰鼎、嘉彰、緯軟、科嘉、祥碩、尚凡、昇益、宣德、茂達、台燿、宏正、旭隼、大江、明安、森鉅、美利達	由田、泰鼎、祥碩、茂達、台燿
彼得・林區 （Peter Lynch）	信大、亞崴、大山、海悅、京城、好德、志豐、福裕、青雲、雙喜、大慶證、晉泰、大中、安集、瑞耘、慶豐富	大山、海悅、大中、安集、瑞耘
馬克・米奈爾維尼 （Mark Minervini）	華新科、嘉晶、振維、嘉澤、高鋒、泰鼎、祥碩、上凡、信昌電、合晶、台燿、大中、環球晶	嘉澤、泰鼎、祥碩、台燿、大中

Recommendations
參考推薦書目

1. 《成長力》（*Profitable Growth is Everybody's business: 10 Tools You Can Use Monday Morning*, 2004），瑞姆‧夏藍（Ram Charan）著，2004，天下文化。

2. 《十倍勝，絕不單靠運氣：如何在不確定、動盪不安環境中依舊表現卓越？》（*Great by Choice: Uncertainty, Chaos, and Luck-Why Some Thrive Despite them All*, 2011），詹姆‧柯林斯（Jim Collins）、莫頓‧韓森（Morten T. Hansen）著，2013，遠流出版。

3. 《隱形冠軍：21世紀最被低估的競爭優勢》（*Hidden Champions of the 21st Century: The Success Strategies of Unknown World Market Leaders*, 2009），赫曼‧西蒙（Hermann Simon）著，2017，天下雜誌。

4. 《非常潛力股》（*Common Stocks and Uncommon Profits*, 2003），菲利普‧費雪（Philip A. Fisher）著，2016，寰宇出版。

5. 《約翰‧聶夫談投資》（*John Neff on Investing*, 1999），約翰‧聶夫（John Neff）、史蒂芬‧明茲（Steven L. Mintz）著，2000，寰宇出版。

6.《笑傲股市：歐尼爾投資致富經典》（*How to Make Money in Stocks : A Winning System in Good Times or Bad*, 2009），威廉・歐尼爾（William J. O'Neil）著，2009，美商麥格羅希爾。

7.《祖魯法則》（*The Zulu Principle: Making Extraordinary Profits from Ordinary Shares*, 2010），吉姆・史萊特（Jim Slater）著，2018，大牌出版。

8.《彼得林區選股戰略》（*One Up on Wall Street: How to Use What You Already Know to Make Money in the Market*, 2017），彼得・林區（Peter Lynch）、約翰・羅斯查得（John Rothchild）著，2018，財信出版。

9.《超級績效：金融怪傑交易之道》（*Trade like a Stock Market Wizard*, 2013），馬克・米奈爾維尼（Mark Minervini）著，2015，寰宇出版。

Notes
學習筆記

寰宇圖書分類

技　術　分　析

分類號	書名	書號	定價	分類號	書名	書號	定價
1	波浪理論與動量分析	F003	320	41	技術分析首部曲	F257	420
2	股價K線戰法	F058	600	42	股票短線OX戰術(第3版)	F261	480
3	市場互動技術分析	F060	500	43	統計套利	F263	480
4	陰線陽線	F061	600	44	探金實戰・波浪理論(系列1)	F266	400
5	股票成交當量分析	F070	300	45	主控技術分析使用手冊	F271	500
6	動能指標	F091	450	46	費波納奇法則	F273	400
7	技術分析&選擇權策略	F097	380	47	點睛技術分析一心法篇	F283	500
8	史瓦格期貨技術分析(上)	F105	580	48	J線正字圖・線圖大革命	F291	450
9	史瓦格期貨技術分析(下)	F106	400	49	強力陰陽線(完整版)	F300	650
10	市場韻律與時效分析	F119	480	50	買進訊號	F305	380
11	完全技術分析手冊	F137	460	51	賣出訊號	F306	380
12	金融市場技術分析(上)	F155	420	52	K線理論	F310	480
13	金融市場技術分析(下)	F156	420	53	機械化交易新解:技術指標進化論	F313	480
14	網路當沖交易	F160	300	54	趨勢交易	F323	420
15	股價型態總覽(上)	F162	500	55	艾略特波浪理論新創見	F332	420
16	股價型態總覽(下)	F163	500	56	量價關係操作要訣	F333	550
17	包寧傑帶狀操作法	F179	330	57	精準獲利K線戰技(第二版)	F334	550
18	陰陽線詳解	F187	280	58	短線投機養成教育	F337	550
19	技術分析選股絕活	F188	240	59	XQ洩天機	F342	450
20	主控戰略K線	F190	350	60	當沖交易大全(第二版)	F343	400
21	主控戰略開盤法	F194	380	61	擊敗控盤者	F348	420
22	狙擊手操作法	F199	380	62	圖解B-Band指標	F351	480
23	反向操作致富術	F204	260	63	多空操作秘笈	F353	460
24	掌握台股大趨勢	F206	300	64	主控戰略型態學	F361	480
25	主控戰略移動平均線	F207	350	65	買在起漲點	F362	450
26	主控戰略成交量	F213	450	66	賣在起跌點	F363	450
27	盤勢判讀的技巧	F215	450	67	酒田戰法─圖解80招台股實證	F366	380
28	巨波投資法	F216	480	68	跨市交易思維─墨菲市場互動分析新論	F367	550
29	20招成功交易策略	F218	360	69	漲不停的力量─黃綠紅海撈操作法	F368	480
30	主控戰略即時盤態	F221	420	70	股市放空獲利術─歐尼爾教賺全圖解	F369	380
31	技術分析・靈活一點	F224	280	71	賣出的藝術─賣出時機與放空技巧	F373	600
32	多空對沖交易策略	F225	450	72	新操作生涯不是夢	F375	600
33	線形玄機	F227	360	73	新操作生涯不是夢─學習指南	F376	280
34	墨菲論市場互動分析	F229	460	74	亞當理論	F377	250
35	主控戰略波浪理論	F233	360	75	趨向指標操作要訣	F379	360
36	股價趨勢技術分析─典藏版(上)	F243	600	76	甘氏理論(第二版)型態-價格-時間	F383	500
37	股價趨勢技術分析─典藏版(下)	F244	600	77	雙動能投資─高報酬低風險策略	F387	360
38	量價進化論	F254	480	78	科斯托蘭尼金蛋圖	F390	320
39	讓證據說話的技術分析(上)	F255	350	79	與趨勢共舞	F394	600
40	讓證據說話的技術分析(下)	F256	350	80	技術分析精論第五版(上)	F395	560

技　術　分　析 (續)

分類號	書名	書號	定價	分類號	書名	書號	定價
81	技術分析精論第五版 (下)	F396	500				
82	不說謊的價量	F416	420				
83	K線理論 2: 蝴蝶 K 線台股實戰法	F417	380				

智　慧　投　資

分類號	書名	書號	定價	分類號	書名	書號	定價
1	股市大亨	F013	280	33	兩岸股市大探索 (下)	F302	350
2	新股市大亨	F014	280	34	專業投機原理 I	F303	480
3	新金融怪傑 (上)	F022	280	35	專業投機原理 II	F304	400
4	新金融怪傑 (下)	F023	280	36	探金實戰・李佛摩手稿解密 (系列3)	F308	480
5	金融煉金術	F032	600	37	證券分析第六增訂版 (上冊)	F316	700
6	智慧型股票投資人	F046	500	38	證券分析第六增訂版 (下冊)	F317	700
7	瘋狂、恐慌與崩盤	F056	450	39	探金實戰・李佛摩資金情緒管理 (系列4)	F319	350
8	股票作手回憶錄 (經典版)	F062	380	40	探金實戰・李佛摩 18 堂課 (系列5)	F325	250
9	超級強勢股	F076	420	41	交易贏家的 21 週全紀錄	F330	460
10	約翰・聶夫談投資	F144	400	42	量子盤感	F339	480
11	與操盤贏家共舞	F174	300	43	探金實戰・作手談股市內幕 (系列6)	F345	380
12	掌握股票群眾心理	F184	350	44	柏格頭投資指南	F346	500
13	掌握巴菲特選股絕技	F189	390	45	股票作手回憶錄 - 註解版 (上冊)	F349	600
14	高勝算操盤 (上)	F196	320	46	股票作手回憶錄 - 註解版 (下冊)	F350	600
15	高勝算操盤 (下)	F197	270	47	探金實戰・作手從錯中學習	F354	380
16	透視避險基金	F209	440	48	趨勢誡律	F355	420
17	倪德厚夫的投機術 (上)	F239	300	49	投資悍客	F356	400
18	倪德厚夫的投機術 (下)	F240	300	50	王力群談股市心理學	F358	420
19	圖風勢─股票交易心法	F242	300	51	新世紀金融怪傑 (上冊)	F359	450
20	從騙椅上操作: 交易心理學	F247	550	52	新世紀金融怪傑 (下冊)	F360	450
21	華爾街傳真: 我的生存之道	F248	280	53	金融怪傑 (全新修訂版)(上冊)	F371	350
22	金融投資理論史	F252	600	54	金融怪傑 (全新修訂版)(下冊)	F372	350
23	華爾街一九○一	F264	300	55	股票作手回憶錄 (完整版)	F374	650
24	費雪・布萊克回憶錄	F265	480	56	超越大盤的獲利公式	F380	300
25	歐尼爾投資的 24 堂課	F268	300	57	智慧型股票投資人 (全新增訂版)	F389	800
26	探金實戰・李佛摩投機技巧 (系列2)	F274	320	58	非常潛力股 (經典新譯版)	F393	420
27	金融風暴求勝術	F278	400	59	股海奇兵之散戶語錄	F398	380
28	交易・創造自己的聖盃 (第二版)	F282	600	60	投資進化論: 揭開「投腦」不理性的真相	F400	500
29	索羅斯傳奇	F290	450	61	擊敗群眾的逆向思維	F401	450
30	華爾街怪傑巴魯克傳	F292	500	62	投資檢查表: 基金經理人的選股秘訣	F407	580
31	交易者的 101 堂心理訓練課	F294	500	63	魔球投資學 (全新增訂版)	F408	500
32	兩岸股市大探索 (上)	F301	450	64	操盤快思 X 投資慢想	F409	420

共　同　基　金

分類號	書名	書號	定價	分類號	書名	書號	定價
1	柏格談共同基金	F178	420	4	理財贏家 16 問	F318	280
2	基金趨勢戰略	F272	300	5	共同基金必勝法則 - 十年典藏版 (上)	F326	420
3	定期定值投資策略	F279	350	6	共同基金必勝法則 - 十年典藏版 (下)	F327	380

程　式　交　易

分類號	書名	書號	定價	分類號	書名	書號	定價
1	高勝算操盤 (上)	F196	320	9	交易策略評估與最佳化 (第二版)	F299	500
2	高勝算操盤 (下)	F197	270	10	全民貨幣戰爭首部曲	F307	450
3	狙擊手操作法	F199	380	11	HSP 計量操盤策略	F309	400
4	計量技術操盤策略 (上)	F201	300	12	MultiCharts 快易通	F312	280
5	計量技術操盤策略 (下)	F202	270	13	計量交易	F322	380
6	《交易大師》操盤密碼	F208	380	14	策略大師談程式密碼	F336	450
7	TS 程式交易全攻略	F275	430	15	分析師關鍵報告 2—張林忠教你程式交易	F364	580
8	PowerLanguage 程式交易語法大全	F298	480	16	三週學會程式交易	F415	550

期　　貨

分類號	書名	書號	定價	分類號	書名	書號	定價
1	高績效期貨操作	F141	580	6	期指格鬥法	F295	350
2	征服日經 225 期貨及選擇權	F230	450	7	分析師關鍵報告 (期貨交易篇)	F328	450
3	期貨賽局 (上)	F231	460	8	期貨交易策略	F381	360
4	期貨賽局 (下)	F232	520	9	期貨市場全書 (全新增訂版)	F421	1200
5	雷達導航期股技術 (期貨篇)	F267	420				

選　擇　權

分類號	書名	書號	定價	分類號	書名	書號	定價
1	技術分析 & 選擇權策略	F097	380	7	選擇權安心賺	F340	420
2	交易，選擇權	F210	480	8	選擇權 36 計	F357	360
3	選擇權策略王	F217	330	9	技術指標帶你進入選擇權交易	F385	500
4	征服日經 225 期貨及選擇權	F230	450	10	台指選擇權攻略手冊	F404	380
5	活用數學 · 交易選擇權	F246	600	11	選擇權價格波動率與訂價理論	F406	1080
6	選擇權賣方交易總覽 (第二版)	F320	480				

債　　券　　貨　　幣

分類號	書名	書號	定價	分類號	書名	書號	定價
1	賺遍全球：貨幣投資全攻略	F260	300	3	外匯套利 I	F311	450
2	外匯交易精論	F281	300	4	外匯套利 II	F388	580

財　　務　　教　　育

分類號	書名	書號	定價	分類號	書名	書號	定價
1	點時成金	F237	260	6	就是要好運	F288	350
2	蘇黎士投機定律	F280	250	7	財報編製與財報分析	F331	320
3	投資心理學 (漫畫版)	F284	200	8	交易駭客任務	F365	600
4	歐丹尼成長型股票投資課 (漫畫版)	F285	200	9	舉債致富	F427	450
5	貴族・騙子・華爾街	F287	250				

財　　務　　工　　程

分類號	書名	書號	定價	分類號	書名	書號	定價
1	固定收益商品	F226	850	3	可轉換套利交易策略	F238	520
2	信用衍生性 & 結構性商品	F234	520	4	我如何成為華爾街計量金融家	F259	500

國家圖書館出版品預行編目 (CIP) 資料

股海奇兵之成長型投資 / 蕭非凡 著 . -- 初版 . -- 臺北市：寰宇 , 2019.02
144 面；14.8×21 公分 . -- (寰宇投資策略；431)

ISBN 978-986-83194-4-8(平裝)

1. 股票投資 2. 投資技術 3. 投資分析

563.53   108003101

寰宇投資策略　431

股海奇兵之成長型投資

作　　　者	蕭非凡
編　　　輯	江大衛
協 力 編 輯	陳律婷
排　　　版	富春全球股份有限公司
封 面 設 計	YUNING LEE

發 行 人	江聰亮
出 版 者	寰宇出版股份有限公司
	臺北市仁愛路四段 109 號 13 樓
	TEL: (02) 2721–8138 FAX: (02) 2711–3270
	E–mail:service@ipci.com.tw
	http://www.ipci.com.tw
	劃撥帳號 1146743–9
登 記 證	局版台省字第 3917 號
定　　價	280 元
出　　版	2019 年 2 月初版一刷

ISBN 978-986-83194-4-8(平裝)